I0355297

www.ingramcontent.com/pod-product-compliance
Lightning Source LLC
Chambersburg PA
CBHW070108080526
44586CB00013B/1232
* 9 7 8 1 5 9 5 8 4 8 5 9 8 *

نوزایش ایرانی:
جنبشی مدنی و سکولار

نویسندگان:
دکتر رضا سعیدی فیروزآبادی
دکتر الف. اچ. والی
«گروه پژوهشگران برای آزادی ایران»

Iranian Renaissance: A Civil and Secular Movement
Subject: Renaissance, movement, civil resistance
Authors: Dr. Alf. H. Walle
Dr. Reza F. Saidi
and Researchers for Freedom of Iran
Copyright © 2025 by: Dr. Alf. H. Walle & Dr. Reza F. Saidi
All right reserved.
First Edition: 2025

نوزایش ایرانی:
جنبشی مدنی و سکولار
موضوع: نوزایش، جنبش، مبارزه مدنی
نویسندگان: دکتر رضا سعیدی فیروزآبادی
دکتر الف. اچ. والی
گروه پژوهشگران برای آزادی ایران
چاپ نخست: ۱٤۰٤ خورشیدی - ۲۰۲۵ میلادی

No part of this book may be reproduced in any manner without the express written consent of the author, except in the case of brief excerpts in critical reviews or articles.
For information about permission to reproduce selections from this book, write to Permissions @ Ketab Corporation

The Library of Congress Cataloging-in-publishing Data is available upon request.

ISBN: 978-1-59584-859-8
Ketab Corporation:
12701 Van Nuys Blvd., Suite H,
Pacoima, CA, 91331, USA
www.ketab.com

1 2 3 4 5 6 7 8 25

تقدیـم به
**همه جاویدنامان و
مبــارزان راه آزادی**

فهرست

دیباچه ۷

بخش اول: جنبش زن، زندگی، آزادی ۱۱

نوزایش ایرانی؛ چشم‌انداز ظهور جامعه نوین ایران ۱۳

بحران دین در ایران ۲۳

چالش دولت و ملت در ایران: گامی به جلو یا سقوط؟ ۳۱

اهمیت حفظ سرمایه‌های انسانی پس از تغییرات سیاسی-حکومتی در ایران ۴۳

جنبش زن، زندگی، آزادی: آنچه تاکنون آموختیم ۵۳

بخش دوم: مبـارزه مدنـی ۶۳

جنبش مدنی؛ آنچه همگان باید بدانند ۶۵

سازماندهی و رهبری جنبش مدنی ۷۷

بخش سوم: مخالفت مدنـی ۸۱

مخالفت مدنی و اعتراض غیرخشونت‌آمیز ۸۳

روش‌های تغییر ۹۳

مدیریت تعارض ۱۰۷

مدیریت تضاد ۱۱۹

مذاکره مؤثر ۱۲۷

دیباچه

خیزش مردم ایران در سال ۱۴۰۱، دستاوردهای جدیدی در تاریخ تمدن ایران به همراه داشت. این جنبش همان ادامه راه نوزایش ایران است که از زمان مشروطه آغاز شده است. در پی تماس ایرانیان با غرب و پدیده تجدد، فرهنگ ایرانی عصر نوینی را پس از چند قرن نزول آغاز کرد و در جهت دستیابی به ارزش‌های جدیدی نظیر اراده ملی، آزادی، حاکمیت قانون، حقوق شهروندی و حقوق زنان قدم گذاشت. تداوم این راه را در جنبش ملی شدن نفت و انقلاب ۱۳۵۷ نیز می‌بینیم. با این همه، نوزایش ایرانی پدیده‌ای است که هنوز در ابتدای راه خود است و برای رسیدن به مراحل پایانی، راه درازی در پیش دارد. پس از انقلاب ۱۳۵۷، حاکمیت در صدد تثبیت نظامی بر اساس نظریه ولایت فقیه آیت‌الله خمینی برآمد که اساس آن اولویت نظام بر ایران، اولویت امت اسلامی بر ملت ایران، و اولویت منافع امت اسلامی بر منافع ملی بود. تفکّر حاکمیت پس از انقلاب، با تاکید بر اسطوره‌هایی نظیر عدالت اسلامی، اخلاقی کردن سیاست، رسیدگی به مستضعفان، مبارزه با امپریالیسم، و اسطوره جمهوریت، با تأکید بر اندیشه ولایت فقیه، منادی تعالی در نوزایش ایرانی بود.

این تفکّر با سرکوب گسترده به ویژه سرکوب نواندیشان، مانعی بزرگ در نوزایش ایران ایجاد کرد. استقرار نظام استبدادی حاضر، دقیقاً معلول مشکلات فکری

است که در چند قرن اخیر بر فرهنگ و تمدن ایرانی مستولی گشته بود. عدم توفیق این تفکر، در رسیدن به اهداف خود، منجر به کمرنگ شدن این اندیشه به ویژه در میان جوانان گشت که به خیزش سال ۱۳۸۸ انجامید. ولی تفکر آن خیزش همچنان نگاه به اصلاح نظام داشت. خیزش ۱۴۰۱، تفاوت عمده‌ای با خیزش سال ۱۳۸۸ دارد و آن این است که خیزش اخیر، خواهان عبور از نظام جمهوری اسلامی است. امروز، ملت ایران با طرح پروژه عبور از حاکمیت، درصدد است که طرحی نو در اندازد.

خیزش ۱۴۰۱ را می‌توان اوج نفی تفکر حاکمیت در جهت ارائه تفکر و راهی نو خواند. این خیزش به چندین دستاورد مهم دست یافته که می‌توان آنها را در نوزایش ایران، کلیدی خواند:

۱. توسعه اعتراضات و رد تفکر حاکمیت در اقشار مختلف ملت: اگرچه قبل از خیزش اخیر، رد تفکر حاکمیت در جهت تعالی ملت و فرهنگ مردم ایران، در جوانان تجلی داشت، ولی اکنون اقشار و اصناف مختلف جامعه به این جمع‌بندی جهت عبور از تفکر حاکمیت رسیده‌اند. به‌طوری که شاهد ریزش وسیعی در بین نیروهای وفادار به حاکمیت نیز هستیم.

۲. خیزش اخیر با استفاده از انقلاب ارتباطات و پدیده جهانی شدن توانسته است نوعی همبستگی جهانی و بلوغ فکری در راه رسیدن ملت ایران به اهداف خود ایجاد کند، به‌طوری که افکار عمومی ملل جهان با ملت ایران ابراز همبستگی می‌کنند که می‌تواند به دولت‌های خارجی در جهت تغییر سیاست خود در قبال ایران فشار بیاورد.

۳. بسیج و وحدت ایرانیان خارج از کشور و خواسته‌های ایرانیان داخل کشور، ملت ایران را مجدداً یکپارچه کرده است. ایرانیان خارج کشور در محل کنونی اقامت خود، دارای نیروی عظیم فکری و اقتصادی هستند که در گذشته پراکنده و خاموش بوده، اما اکنون با ایرانیان داخل کشور همصدا شده، به‌گونه‌ای که در جریان آگاهی‌رسانی آنان به جهانیان، قدم‌های موثری در نوزایش ملت ایران برداشته است. با این‌همه، باید توجه داشت

که این پایان راه نیست و این خیزش باید از خیزش‌هایی همچون ملی‌شدن صنعت نفت، انقلاب ۱۳۵۷ و خیزش سال ۱۳۸۸ درس‌های تاریخی بگیرد. در نوزایش ایرانی، عبور از حاکمیت فعلی و تفکر آن لازم است، ولی این امر همچون هر طرحی نیازمند برنامه‌ریزی و سازماندهی است. با این همه، این به تنهایی کافی نیست و نوزایش ایران، نیاز به تحول فکری نیز دارد و اگر این تحول صورت نگیرد، ایران از چاله به چاه خواهد افتاد.

اکنون بر ملت ایران به ویژه نخبگان است که در راه نوزایش ایران و ارائه تفکری نو در راه رسیدن به اهداف ملت گام بردارند. مرحله‌ی بعد داشتن برنامه‌ریزی و سازماندهی مناسب برای رسیدن به این اهداف است. هیچ ملتی در دنیا بدون داشتن برنامه‌ریزی مناسب و سازماندهی در راه رسیدن به اهداف خود موفق نبوده است. ملت ایران نیز باید بیاموزد و تجربه کند که از این دو اصل گریزی نیست. هرچند که در این راه ملت ایران قدم‌های مناسبی برداشته، ولی می‌توان گفت همچنان این آغازی بر پایان یک اصل تاریخی در دوران زوال فرهنگ و تمدن ایران‌زمین است که از چندین قرن پیش‌تر آغاز شده است. استقرار نظامی اقتدارگرا پس از انقلاب را می‌توان گامی به عقب در راه نوزایش فرهنگ ایرانی دانست. این نظام با تحمیل فرهنگ دولتی و از بالا سعی کرد به ایجاد هویت و فرهنگ جعلی بپردازد که خیزش اخیر مردم ایران به خصوص جوانان، با رد این تفکر، امید به نوزایش فرهنگ و تمدن ایران زمین را نوید می‌دهد. این خیزش امید می‌دهد که پس از چند قرن تنزل فرهنگی، تمدن ایرانی به سوی آینده‌ای حرکت می‌کند که بسیار پرشکوه‌تر از گذشته است و آغاز دوران مجد و باروری و سایه‌گستری را نوید می‌دهد.

این کتاب با تمرکز بر نوزایش ایرانی، به تحلیل وضعیت اجتماعی معاصر پرداخته و در قالب بررسی یک پدیده اجتماعی، راهکارهایی برای تداوم و گسترش این جنبش ارائه می‌دهد.

بخش اول

جنبش زن، زندگی، آزادی

نوزایش ایرانی:
چشم‌انداز ظهور جامعه نوین ایران

در طول تاریخ، جنبش‌های بسیاری جوامع مختلف را دگرگون کرده‌اند؛ برخی از این تغییرات ناشی از پیشرفت‌های تکنولوژیکی و اقتصادی و برخی دیگر بازتاب مسائل اجتماعی یا ایدئولوژیک هستند. رنسانس، عصر روشنگری و دوره رمانتیک سه دورهٔ مهم در این‌گونه تحولات در اروپا بوده‌اند. این دوره‌ها سرنخ‌ها و چشم‌اندازهای ارزشمندی را در اختیار می‌گذارند و می‌توانند در درک مسیر دگرگونی ایران معاصر مفید باشند. هدف این بحث، یادگیری درس‌هایی از گذشته است که می‌توانند به پیش‌بینی آینده کمک کنند.

رنسانس

با گذار از اواخر قرون وسطی به دوران مدرن، اروپا شاهد احیای علاقه به تمدن‌های یونان و روم باستان بود. این دوران به‌عنوان "عصر طلایی" شناخته شد که در آن استعدادها و توانایی‌های انسانی به اوج خود رسیدند، اما بعدها فراموش شدند. رخدادهای مشابهی در ایران معاصر نیز دیده می‌شود. امروزه تاریخ درخشان ایران پیش از اسلام مورد توجه قرار گرفته و میلیون‌ها ایرانی جوان به بازدید از مکان‌های تاریخی همچون تخت جمشید و پاسارگاد می‌پردازند. همچنین، شاهنامه‌ی فردوسی دوباره محبوبیت یافته و در میان نسل جوان ایرانی حس

افتخار فرهنگی ایجاد کرده است. در همین حال، رشد سکولاریسم و مطالبه آزادی‌های فردی افزایش یافته و آموزه‌های دینی سخت‌گیرانه به چالش کشیده می‌شوند.

این روند را می‌توان با جنبش جوانان اشرافی اروپا از قرن ۱۷ تا اوایل قرن ۱۹ مقایسه کرد که برای "تور بزرگ" (Grand Tour) به ایتالیا و یونان سفر می‌کردند تا از عظمت تمدن‌های گذشته بیاموزند.

عصر روشنگری

رنسانس راه را برای عصر روشنگری هموار کرد؛ دوره‌ای که بر عقلانیت، روش علمی و حذف خرافات تأکید داشت. روشنگری بنیان‌گذار مدرنیته در غرب شد و درک ما از دنیای مدرن را شکل داد.

اما اجرای افراطی اصول روشنگری مشکلاتی ایجاد کرد. برای مثال، کد ناپلئونی (قانون مدنی فرانسه)، علی‌رغم منطقی و سیستماتیک بودن، در برخی کشورها مورد پذیرش قرار نگرفت، زیرا با سنت‌های محلی ناسازگار بود. در ایران نیز تجربه مشابهی رخ داد. رضاشاه و محمدرضاشاه، هر دو تلاش کردند مدرنیزاسیون، سکولاریسم و غربی‌سازی را مشابه اصول روشنگری در ایران پیاده کنند، اما این تغییرات در میان اقشار سنتی و مذهبی با مقاومت مواجه شد. سیاست‌های تحمیلی مدرن‌سازی و سرکوب مخالفان، باعث بیگانگی بسیاری از مردم شد و ناخودآگاه بخشی از زمینه‌های انقلاب ۱۳۵۷ را فراهم کرد.

ملی‌گرایی رمانتیک

پس از روشنگری، دوران رمانتیک ظهور کرد که تأکید داشت انسان‌ها صرفاً موجوداتی عقلانی نیستند، بلکه احساسات و هویت فرهنگی آن‌ها نیز اهمیت دارد. این تفکر منجر به ملی‌گرایی رمانتیک شد که بر همگونی فرهنگی، زبانی و تاریخی تأکید داشت.

این ایده در ایران نیز بازتاب داشته است.

- رضاشاه نام کشور را از "پرشیا" به "ایران" تغییر داد تا بر هویت آریایی ایرانیان تأکید کند.
- سیاست‌های غربی‌سازی، تغییر پوشش مردم و محدود کردن نمادهای مذهبی نیز با هدف ایجاد وحدت فرهنگی انجام شدند.
- محمدرضاشاه نیز این مسیر را ادامه داد و با انقلاب سفید، اصلاحات اقتصادی و اجتماعی را اجرایی کرد، اما این تغییرات تنها در شهرها مقبول افتاد و در مناطق روستایی و مذهبی مقاومت برانگیخت.

پس از انقلاب ۱۳۵۷ نیز نوع دیگری از ملی‌گرایی رمانتیک ظهور کرد، اما این‌بار با محوریت ایدئولوژی مذهبی. حکومت جدید تلاش کرد تا نسخه‌ای خاص از اسلام را به‌عنوان عامل وحدت ملی معرفی کند، اما همان‌طور که سیاست‌های شاه در ایجاد وحدت ناکام ماند، این سیاست‌ها نیز نتوانستند تمام جامعه را همگن سازند.

نتیجه‌گیری:

رنسانس، عصر روشنگری و ملی‌گرایی رمانتیک، هرچند مربوط به تاریخ اروپا هستند، اما چارچوب مفیدی برای تحلیل تاریخ معاصر ایران ارائه می‌دهند.

- **رنسانس:** ایران نیز، مانند اروپا، تلاش کرده است تا شکوه گذشته خود را احیا کند.
- **روشنگری:** حکومت پهلوی سعی داشت از طریق مدرنیزاسیون و سکولاریسم، ایران را متحول کند، اما با مقاومت بخش‌های سنتی جامعه مواجه شد.
- **ملی‌گرایی رمانتیک:** چه در دوران شاه و چه پس از انقلاب، تلاش‌هایی برای ایجاد وحدت فرهنگی و ایدئولوژیک صورت گرفت، اما هر دو رویکرد با چالش‌هایی جدی مواجه شدند.

علیرغم اینکه در چند دهه گذشته تلاش‌های زیادی برای ایجاد هوبت و فرهنگی جعلی در ایران صورت گرفته است؛ مردم ایران ارتباط خود را با میراث فرهنگی و تاریخی خویش حفظ کرده‌اند و افتخار می‌کنند که با رهبرانی

همچون کوروش بزرگ شناخته شوند. به همین دلیل، بیشتر ایرانیان هویت فرهنگی خاصی دارند که شامل سنت‌های مهمان‌نوازی، سخاوت، دوستی و روابط اجتماعی است که از طریق زبان، سنت‌ها و خویشتن‌گرایی به هم پیوند خورده است. در دورانی که این هویت‌ها سرکوب شده‌اند، شخصیت ملی خود را دوباره به شکل‌های مثبت و طبیعی نشان می‌دهد. فرهنگ ایرانی و دستاوردهای آن همچنان تأثیر عمیقی بر زندگی ایرانی‌ها دارند. مایکل آکسورتی در کتابش «ایران، امپراتوری ذهن» اظهار می‌کند:

> *«بر خلاف سایر ملت‌ها که تمدن‌هایی در گذشته داشته‌اند، ایرانیان هرگز تمدن گذشته خود را فراموش نکرده‌اند و آن را در هویت ناخودآگاه خود زنده نگه داشته‌اند و همچنان از آن انرژی معنوی می‌گیرند.»*

با وجود ۱۴۰۰ سال از حمله تازیان و تأثیر آن، میهن دوستان ، رهبران فرهنگی، نویسندگان و سایر تأثیرگذاران تلاش کرده‌اند تا جوهر فرهنگی ایران را حفظ کنند.

مثلث استبداد

در تحلیل چرایی تداوم استبداد در تاریخ ایران، بررسی الگوهای اجتماعی و سیاسیِ هم‌دست با قدرت مطلقه از اهمیت بسیاری برخوردار است. اگرچه اغلب تمرکز بر خود مستبد است، اما تاریخ ایران نشان می‌دهد که استبداد همواره در بستری اجتماعی بازتولید شده است: با همراهی گروهی خاص از وابستگان قدرت و با سکوت یا انفعال اکثریتی از جامعه.

ساختاری را که می‌توان آن را «مثلث استبداد» : شامل مستبد خودکامه، اقلیت بله‌قربان‌گو، و اکثریت خاموش. این مثلث در طول تاریخ، هم‌زمان نقش علت و معلول عقب‌ماندگی سیاسی را ایفا کرده است.

۱. مستبد خودکامه: تمرکز قدرت و سرکوب مشارکت

ویژگی اصلی ضلع اول مثلث، تمرکز قدرت در دستان یک فرد یا گروه محدود

است که بدون نظارت و پاسخ‌گویی عمل می‌کند. در این ساختار، قانون در خدمت اراده فردی است و نهادهای رسمی به ابزار سلطه تبدیل می‌شوند.
در جمهوری اسلامی، ساختار حکومت مبتنی بر ولایت مطلقه فقیه است. تمرکز قدرت در رأس هرم حاکمیت -یعنی ولی‌فقیه- و نهادهای وابسته به آن، نمود روشنی از استبداد ساختاری است. نهادهایی نظیر شورای نگهبان، قوه‌قضاییه، و نهادهای نظامی-امنیتی، با پاسخ‌گویی حداقلی به افکار عمومی، استقلال سایر قوا را به چالش کشیده‌اند.
پس از انقلاب اسلامی در سال ۱۳۵۷، انتظار می‌رفت که ساختارهای سیاسی جدید مبتنی بر مشارکت مردمی و توزیع عادلانه قدرت شکل گیرد. با این حال، بررسی تحولات چهار دهه اخیر نشان می‌دهد که الگوی «مثلث استبداد» همچنان در ساختار حکومتی ایران حضور دارد.

۲. اقلیت بله‌قربان‌گو: مشروعیت‌بخشی به استبداد

ضلع دوم این مثلث، اقلیتی است که از قدرت مرکزی سود می‌برد و با چشم‌پوشی از فساد و سرکوب، در خدمت حفظ وضعیت موجود قرار می‌گیرد. این گروه ممکن است از درباریان، تکنوکرات‌ها، روشنفکران دولتی یا حتی نهادهای مذهبیِ هم‌راستا با قدرت سیاسی تشکیل شود.
ضلع دوم این مثلث، در جمهوری اسلامی نیز با وضوح مشاهده می‌شود. گروه‌هایی از نخبگان سیاسی، رسانه‌ای، و حتی دینی، به‌جای ایفای نقش نقادانه و مسئولانه، در مسیر تحکیم قدرت حاکم عمل کرده‌اند.
نمونه روشن آن، رفتار بسیاری از رسانه‌های رسمی، خطیبان جمعه، و سیاست‌گذاران فرهنگی است که با سانسور، تحریف واقعیت‌ها، و تطهیر چهره‌های قدرت، در استمرار سیاست‌های سرکوب‌گرانه نقش مؤثر داشته‌اند.
برای نمونه، واکنش رسمی به اعتراضات آبان ۱۳۹۸ یا جنبش «زن، زندگی، آزادی» در سال ۱۴۰۱، اغلب نه تنها با سرکوب، بلکه با توجیه و انکار در رسانه‌های رسمی همراه بود؛ نوعی همدستی رسانه‌ای و ایدئولوژیک با قدرت متمرکز.

۳. اکثریت خاموش: سکوتی که مشروعیت می‌سازد.

در نهایت، سومین ضلع این ساختار، توده‌ای از مردم است که به دلایل مختلف -از جمله ترس، سرکوب، بی‌اعتمادی یا فقر آگاهی سیاسی- در مقابل وضع موجود واکنشی فعال نشان نمی‌دهند. این انفعال، ولو ناخواسته، موجب تقویت مشروعیت ظاهری قدرت می‌شود.

در دهه‌های پس از انقلاب، بخش وسیعی از مردم -به‌ویژه طبقه متوسط شهری- به دلیل سرکوب‌های متوالی، حذف تدریجی مشارکت سیاسی معنادار، و بی‌پاسخ‌ماندن مطالبات اجتماعی، به انفعال سیاسی کشیده شده‌اند. مشارکت پایین در انتخابات ریاست‌جمهوری ۱۴۰۰ (کمتر از ۴۸٪ با آمار رسمی) نشانه‌ای از این وضعیت بود.

همچنین بسیاری از مردم، به‌ویژه نسل جوان، از عرصه سیاسی کناره گرفته‌اند یا اعتراض را تنها در خیابان معنا می‌کنند؛ چراکه ساختار رسمی امکان تأثیرگذاری واقعی را از آنان سلب کرده است. این سکوت و انفعال -هرچند ناخواسته- در عمل فضا را برای استمرار قدرت بی‌پاسخ‌گو باز گذاشته است.

درک مکانیزم تکرارشونده این مثلث تاریخی، برای عبور از بحران‌های سیاسی در ایران معاصر حیاتی است. راه برون‌رفت از این چرخه‌ی استبدادی، نه صرفاً در تغییر چهره‌ی رأس هرم قدرت، بلکه در اصلاح ساختارهای زیرین آن نهفته است:

۱- تقویت نهادهای مدنی و رسانه‌های مستقل

۲- افزایش سواد سیاسی عمومی

۳- مسئولیت‌پذیری نخبگان و روشنفکران

۳- ایجاد بستر برای مشارکت معنادار مردم در سرنوشت خود

در نهایت، تنها جامعه‌ای که بتواند سکوت را به مطالبه، اطاعت کورکورانه را به نقد آگاهانه، و تمرکز قدرت را به توزیع متوازن آن تبدیل کند، قادر به گذار از استبداد و دستیابی به حکمرانی پاسخ‌گو و پایدار خواهد بود

مردم ایران در ۴۵ سال گذشته، حکومت اسلامی را تجربه کرده‌اند. این تجربه

بیشتر مردم ایران را متقاعد کرده است که جدایی دین از سیاست برای پیشرفت ضروری است. این حرکت شگرف به عنوان یک نوزایش از میراث ایرانی با جامعه مدرن ادغام شد و با اعتقاد به اصول جامعه مدرن و رعایت اعلامیه جهانی حقوق بشر، هماهنگ شده است.

مردم به دستاوردهای شخصیت‌های قهرمانانی مانند کوروش بزرگ و شخصیت‌های تاریخی دیگر افتخار می‌کنند. همچنین نسل جوان ایرانی، با انگیزه‌های بیشتر به دستاوردهای عصر تجدد در چند قرن اخیر، توجه دارد.

ایرانیان اغلب از آنچه که احساس می‌کنند نقاط برجسته‌ی تمدن هستند، الهام می‌گیرند و آن را تحسین می‌کنند. پدران بنیانگذار ایالات متحده (مانند توماس جفرسون) به عنوان مثال، از یونان باستان، روم، و دوران کوروش بزرگ به عنوان بخشی از «عصر طلایی» یاد کرده‌اند. به همین دلیل، جفرسون و سایر پاتریوتان اولیه آمریکایی آشکارا و با آگاهی، از میراث این دوران طلایی برای بنیانگذاری کشور استفاده کردند. همچنین، جفرسون و پدران بنیانگذار تحت تأثیر عصر روشنگری که سعی در فراتر رفتن از باورهای خرافی و عقب‌ماندگی با تأکید بر اندیشه منطقی و روش‌های علمی داشتند. این افکار با عادت آنها به احترام به نقاط برجسته‌ای از تمدن و زندگی انسانی ادغام شد. همچنین، به نظر می‌رسد مردم ایران قصد دارند به همین شیوه عمل کنند.

به طور فزاینده، آنها به دوران طلایی کشور خود نگاه می‌کنند و از آن الهام می‌گیرند. علاوه بر این، آنها به دنبال روش‌های مدرن، منطقی، و علمی برای عمل و اندیشیدن هستند.

نسل جوان در تلاش است تا با حفظ ارزش‌های ایرانی، از دستاوردهای تجدد در چند قرن اخیر نظیر مردم سالاری، آزادی‌های مدنی و حکومت قانون نیز برخوردار شود. بسیاری از نظرسنجی‌ها نشان می‌دهند که مردم ایران خواستار تغییرات اساسی در شیوه حکمرانی در راستای این اهداف هستند. به طور مثال هرچند ایرانیان در نوع حکومت اختلاف دارند، ولی اکثریت آنان خواستار حکومتی بر مبنای دموکراسی، حقوق بشر و جدایی دین از سیاست

می‌باشند. توجه روزافزون جوانان به میراث فرهنگی ایران نظیر آموزه‌های کوروش و فردوسی از دیگر نشانه‌های تلاش آنان در استفاده از بن‌مایه‌های فرهنگ کهن ایرانی در ایجاد ایران نوین دارد. توجه روزافزون آنان به کوروش، نشان‌دهنده تمایل آنان به آموزه‌هایی نظیر آزادی‌های مدنی و مداراست. از طرفی دیگر آموزه‌های حکیم طوس نظیر خردورزی، راستی، داد و تلاش برای آبادانی برای نسل جوان ایران بسیار جذابیت دارد.

هر دو اندیشه‌ی خردورزانه و خردستیزانه در فرهنگ ایران ریشه دارند. خاطرنشان می‌سازد که اندیشه خردستیزانه به‌ویژه پس از یورش مغول بسیار رشد کرده است. در دوران صفویه این اندیشه گسترش بسیار یافت. جدال مشروطه‌طلبان و مشروعه‌خواهان از نمادهای تعارض این دو اندیشه در دوران جدید است. اندیشه خردستیزانه برتری خود را در انقلاب ۵۷ نشان داد و تلاش شد که با استفاده از آموزه‌ها و تجربیات غیرایرانی، آینده ساخته شود.

امروز نشانه‌های زیادی شاهد آن است که مجدداً خردورزی به‌ویژه در نسل جوان رو به گسترش است که نوید یک نوزایش فکری و راهی نو را می‌دهد. بی‌تردید پدیده جهانی‌شدن و گسترش فن‌آوری در این راه به ایرانیان کمک خواهد کرد تا آنان با تلفیقی از بن‌مایه فرهنگی کهن و دستاوردهای عصر تجدد، قدم در راهی بگذارند.

REFERENCES

- Chaney, Edward. (2000) The Evolution of the Grand Tour, 2nd ed. (Routledge.)
- Chisick, Harvey (2008) "Looking for Enlightenment," History of European ideas 34:4 570..82.
- Edelstein, Dan (2010) The Enlightenment: a Genealogy (Chicago, IL, 2010).
- Masroori, Cyrus, Mannies, Whitney, Laursen John (2021). Persia and the Enlightenment (Liverpool University Press on behalf of Voltaire Foundation, University of Oxford.)
- Renani, Mohsen "The Renaissance in Iran is higher and better than the European Renaissance." https://www.balatarin.com/permlink/2020/4/11/5296720
- Shahbazi, A. Shapur (2012)"Persepolis," Encyclopædia Iranica, online edition, 2012, http://www.iranicaonline.org/articles/persepolis,
- Steele, Robert (2021) The Shah's Imperial Celebrations of 1971: Nationalism, Culture and Politics in Late Pahlavi Iran (New York: Bloomsbury.)
- Walle, Alf H. (2023) True Believers and the Great Replacement: Understanding Anomie and Alienation (Routledge.)
- Withers, Charles W. J. Withers (2007) Placing the Enlightenment (Chicago: University of Chicago Press 2007.)

بحران دین در ایران

انقلاب ملی ایران، مجدداً نقش دین و مسئله جدایی دین از سیاست را در جامعه ایران مطرح کرده است. با آشنایی ایران با عصر تجدد و آغاز جنبش مشروطیت، جدایی دین از سیاست یکی از مسائلی بود که مباحث و چالش‌هایی جدی را در سطح جامعه مطرح کرد. استقرار حاکمیت دینی پس از انقلاب، واقعیت عینی را در رابطه با دخالت دین در سیاست و لزوم جدایی این دو را مجدداً در ایران نمایان ساخت.

دین بدون شک در طول تاریخ ایران، همواره عنصری مهم بوده و هست. در تاریخ ایران‌زمین، دین و سیاست دو ستونی بودند که به استقرار و ثبات جامعه کمک کرده‌اند. شواهد زیادی در این زمینه در تاریخ و فرهنگ و ادبیات ایران، دیده می‌شود، ولی باید توجه داشت که این به منزله‌ی دخالت دین در سیاست و یا دخالت سیاست در دین نبوده است.

همراهی نهاد دین و سیاست را در منابع ایران باستان نیز می‌بینیم. به عنوان مثال در کتیبه‌ی داریوش همین مضمون را می‌توان دید:

«به خواست اهورامزدا من شاه هستم. اهورامزدا شاهی را به من داد. کشورهایی که از آن من شدند. به خواست اهورامزدا بندگان من بودند. اهورامزدا مرا این

پادشاهی داد. اهورامزدا مرا یاری کرد تا این شاهی را به دست آورم. به یاری اهورامزدا این شاهی را دارم. اهورامزدا به من یاری ارزانی فرمود.»

و یا در منشور کوروش می‌خوانیم:

«مردوک، خدای بزرگ، دل‌های مردم بابل را به سوی من گردانید... زیرا من او را ارجمند و گرامی داشتم. او بر من، کوروش که ستایشگر او هستم و بر کمبوجیه پسرم، و همچنین بر کَس و کار[و ایل و تبار] و همه سپاهیان من، برکت و مهربانی ارزانی داشت. ما همگی شادمانه و در صلح و آشتی مقام بلندش را ستودیم. به فرمان «مردوک»، همه شاهان بر اورنگ پادشاهی نشسته‌اند.
فرمان دادم تمام نیایشگاه‌هایی راکه بسته شده بود، بگشایند.
اینک که به یاری «مزدا» تاج سلطنت ایران و بابل و کشورهای چهارگوشه جهان را به‌سر گذاشته‌ام، اعلام می‌کنم که تا روزی که زنده هستم و مزدا توفیق سلطنت را به من می‌دهد، دین و آئین و رسوم ملت‌هایی راکه من پادشاه آنها هستم محترم خواهم شمرد و نخواهم گذاشت که حکام و زیردستان من، دین و آئین و رسوم ملت‌هایی که من پادشاه آنها هستم یا ملت‌های دیگر را مورد تحقیر قرار دهند یا به آنها توهین نمایند.
از مزدا خواهانم که مرا در راه اجرای تعهّداتی که نسبت به ملت‌های ایران و بابل و ملل چهارگوشه‌ی جهان بر عهده گرفته‌ام، موفق گرداند».

شاهنامه‌ی فردوسی به عنوان آینه‌ای از فرهنگ و منش ایرانی مکرراً به همراهی دین و سیاست جهت ساخت و ثبات جامعه آرمانی تاکید کرده است.

در شاهنامه، دین و سیاست دو ستون جامعه هستند درکنار یکدیگر که به استواری جامعه کمک می‌کنند. اصل سیاست بر خرد، راستی و داد است. فرّه ایزدی با آن شهریاری است که پاسدار خرد، راستی و داد باشد. در شاهنامه، سیاست ضامن دین است. دین نیز با کمک به نهاد سیاست، ضامن پویایی جامعه می‌شود.

برادر شود پادشاهی و دین — چو بر دین کند شهریار آفرین
نه بی‌دین بوَد شهریاری به جای — نه بی‌تخت شاهی بود دین به پای

نه بی‌دین بود شاه را آفرین		نه از پادشه بی‌نیاز است دین
تو گویی که در زیر یک چادرند		چنین پاسبانان یکدیگرند
دو انباز دیدیم‌شان نیک‌ساز		نه آن زین، نه این زان بود بی‌نیاز
دو گیتی همه مرد دینی بَرَد		چو باشد خداوند رای و خرد
چو دین را بوَد پادشه پاسبان		تو این هر دو را جز برادر مخوان
هر آن کس بر آن دادگر شهریار		گشاید زبان، مرد دینش مدار
چو دیندار کین دارد از پادشا		دگر تا مخوانی ورا پارسا
چه گفت آن سخنگوی با آفرین		که چون بنگری، مغز داد است و دین

چنین اندیشه‌ای را کمابیش در آثار خواجه نظام‌الملک، فارابی، سهروردی و غزالی نیز می‌توان مشاهده کرد.

شواهد متعدد تاریخی در دسترس است که دخالت دین در سیاست با نتایج ناگواری همراه بوده است؛ از آن جمله می‌توان از دخالت دین در سیاست در عصر ساسانیان، و یا صفویان نام برد.

نمونه معاصر آن، در دوران حاکمیت نظام جمهوری اسلامی قابل بررسی است. این نظام با تأکید بر اندیشه ولایت فقیه آیت‌الله خمینی، دین را وارد تمامی شئونات فردی و اجتماعی نمود. حاصل آنکه با خروج دین از قلمرو خود، حاکمیت درصدد دینی‌کردن تمامی امور، حتی امور غیردینی نظیر ادارهٔ دانشگاه، سیاست و اقتصاد برآمد. امروز ناکارآمدی این اندیشه، بحران‌های متعددی را در ابعاد مختلف جامعه از جمله نهاد دین ایجاد کرده است.

این در حالیست که بسیاری از اندیشمندان دینی، بر اثرات سوء این اندیشه از سالیان پیش هشدار داده بوده‌اند. به عنوان مثال می‌توان به کتاب «حکمت و حکومت» دکتر مهدی حائری یزدی در رد نظریه ولایت فقیه اشاره کرد. وی تاکید می‌کند:

> *«حکومت به معنی کشورداری، نوعی وکالت است که از سوی شهروندان، به شخص و یا گروهی از "اشخاص در فرم یک قرارداد آشکار یا ناآشکار انجام می‌پذیرد. شاید بتوان گفت که ولایت که مفهوماً به سلب همه گونه*

حق تصرف از شخص مولی علیه و اختصاص آن به ولی امر تفسیر می‌شود، اصلاً در مسائل جنبی و امور مملکتی، تحقق‌پذیر نیست، زیرا ولایت یک رابطه قیمومیت میان شخص ولی و شخص مولی علیه است و این رابطه میان شخص و جمع امکان‌پذیر نیست. از نقطه نظر تاریخی نیز ولایت به معنای کشورداری به هیچ وجه در تاریخ اسلامی مطرح نبوده است و این مطلب نزد هیچ‌کدام از فقهای شیعه و سنی مورد بررسی قرار نگرفته که فقیه علاوه بر حق فتوا و قضا، بدان جهت که فقیه هست حق حاکمیت و رهبری بر کشور و یا سایر کشورهای اسلامی و یا تمام جهان را نیز دارا باشد».

بدون شک، دین امریست که اثرات فردی و اجتماعی بسیاری دارد. دین با ارائه اصول اخلاقی و نظام اعتقادی برای بسیاری از پرسش‌های فرد و جامعه، پاسخ دارد. آنچه آفت دین است، خرافات است. این خرافات می‌تواند منجر به خردستیزی، تقدیرگرایی، جبرگرایی و در نهایت منتهی به عدم مسئولیت‌پذیری شود. در بسیاری از کتاب‌های آسمانی از جمله قرآن، بر تعقل، تلاش و مسئولیت انسان بر سرنوشت خود و جامعه تاکید شده است. به این ترتیب، لزوم اصلاحات دینی و خرافه‌زدایی از جمله اموری است که به ویژه متولیان نهاد دین باید به آن اهتمام ورزند. توسعه خرافات از جمله اموری است که می‌تواند به تضعیف دین و جامعه منجر گردد. تضعیف دین و توسعۀ دین‌ستیزی، به شکافی بزرگ در جامعه منجر خواهد شد. جدایی دین از سیاست به معنی دین‌ستیزی نیست و این کژفهمی می‌تواند به تضعیف یکی از ستون‌های مهم جامعه منتهی شود. واقعیت این است که بسیاری از ایرانیان دین‌مدار هستند و عدم مشارکت آنان جنبش‌های نوزایی می‌تواند ناشی از این باور باشد. دین از جمله اموری است که در بسیاری از بخش‌های جهان، به علل مختلف مجدداً مورد توجه قرار گرفته و ایران ما هم نیز از این قاعده مستثنی نیست، به‌طوری‌که بسیاری از بخش‌های جامعه در امور فردی و اجتماعی خود، به دین رجوع می‌کنند. امروز ملت ایران با انقلاب ملی خود، مجدداً در راه پیشرفت و پویایی جامعه گام نهاده است، هرچند جدایی سیاست از

دین از مطالبات ملی است، ولی باید تاکید کرد که این قضیه ریشه در تاریخ و فرهنگ ایرانی دارد و امر جدیدی نیست.

اما تله دین‌ستیزی می‌تواند گامی رو به عقب در راستای این مطالبات باشد. امروز ملت ایران با لمس تجربه فاجعه‌بار استقرار حکومت دینی، و دخالت دین در سیاست، به درستی در راه جدایی این دو نهاد، گام نهاده است؛ اما این به معنی دین‌ستیزی نیست، هرچند اصلاحات دینی و خرافات زدایی از جمله اموری است که ایرانیان به ویژه نهاد دین باید به آن توجه ویژه مبذول دارند.

امروز انقلاب ملی ایران، جنبشی تکثرگرا و فارغ از تفاوت‌های قومی، جنسیتی و دینی است. واقعیت این است که بسیاری دینداران هم مانند دیگر اقشار ملت ایران به دنبال مطالباتی نظیر آزادی، حاکمیت ملی، حاکمیت قانون، حاکمیت شهروندی، حقوق زنان و جدایی دین از سیاست هستند.

اصلاحات دینی، مبارزه با خرافات، کژفهمی‌های دینی و جهل مقدس نیز از جمله اموریست که ملت ایران به ویژه متولیان نهاد دین، باید در راه اعتلای فرهنگ و تمدن ایران به آن اهتمام ورزند.

استقرار حاکمیت دینی در ایران پس از انقلاب ۱۳۵۷ سبب دگرگونی عمیقی در عرصه های مختلف جامعه گردید و با قرائت خاصی از دین، خواستار دخالت در تمامی شئوون فردی و اجتماعی به نام دین شد.

قرائت دینی حاکمیت بر اساس نظریه ولایت فقیه معتقد است که دین اسلام برای تمامی شئوون فردی و اجتماعی برنامه دارد و هدف حاکمیت اسلامی اجرای تمامی این برنامه‌هاست. پس حاکمیت در صدد دخالت در تمامی شئونات فردی و اجتماعی برآمد. نهاد دین نیز از این قاعده مستثنی نبود. پیش از انقلاب سال ۵۷، نهاد دین، نهادی مستقل از حاکمیت بود.

در طول تاریخ، نهاد دین به‌طور مستقل، به ثبات جامعه در ایران کمک می‌کرده‌است ولی پس از انقلاب ۵۷، حاکمیت با قرائت خاصی از دین، بر اساس نظریه ولایت فقیه در صدد دخالت در تمامی نهادهای مستقل، از جمله نهاد دین برآمد.

به‌طوری که با ارائه دین حکومتی، کنترل نهادهای دینی را نیز به دست گرفت و آن را زیرمجموعه نهاد سیاست کرد. چنین امری منجر به حذف رهبران دینی نواندیش و مستقل، دولتی کردن نهاد دین، دخالت نااهلان در امر دین و توسعه خرافات به اسم دین شده است. حاصل اینکه با تضعیف نهاد دین، شکاف عظیمی در جامعه، حتی در میان دینداران رخ داده است، به‌طوری‌که ناکارآمدی دین سیاسی به حساب اصل دین گذاشته می‌شود. ناکارآمدی حاکمیت و دین سیاسی در حل مشکلات سیاسی، اجتماعی، فرهنگی و اقتصادی، منجر به تهدیدهای جدی در رابطه با دین به ویژه در میان دینداران، دین‌ناباوران و دین‌ستیزان شده که به شکافی عمیق در جامعه منجر گردیده است. این در حالی‌است که بسیاری از اندیشمندان دینی نیز نسبت به خطر چنین روشی هشدار داده بودند. به عنوان مثال محمد مجتهد شبستری در نقدی بر «قرائت رسمی دین» می‌نویسد:

> *«خطر مهم این است که با به کارگیری این روش (اسلام سیاسی)، تفکر دینی فلج می‌شود. دین، بازدارنده تکامل معنوی رشد، پیشرفت و حل مشکلات زندگی می‌گردد و به‌جای اینکه انسان‌ها فوج فوج به دین روان شوند، فوج فوج از دین خدا بیرون می‌روند. در روند بحران‌سازی برای قرائت دینی، عامل بحران، باری بر دوش علم فقه نهاده است که آن علم هرگز به لحاظ روش و اهداف و موضوع، تحمل آن را نداشت».(۲)*

انقلاب ملی مردم ایران مجدداً موضوع جدایی دین از سیاست را به یکی از مطالبات ملی تبدیل کرده است. جدایی دین از سیاست در طول تاریخ ایران امری معمول بوده، هرچند که در مقاطعی نظیر عصر صفوی و ساسانی، با دخالت دین در سیاست، اثرات سوء آن بر کشور و مردم تحمیل گشته‌است. جدایی دین از سیاست به منزله دین‌ستیزی نیست، چراکه دین همواره همچون ستونی در استحکام جامعه در ایران کمک کرده است . جدایی دین از سیاست از اموری است که ایرانیان و بسیاری از دینداران به آن معتقد بوده و هستند. امروزه شاهد آن هستیم که دخالت دین در سیاست، بحران‌های متعددی در زمینه‌های سیاسی، اقتصادی، اجتماعی و فرهنگی ایجاد

کرده‌است و خود دین نیز از این بحران در امان نیست. این امر به شکاف عظیمی در جامعه و تضعیف آن منجر گردیده است. وظیفه تاریخی جامعه ایران به ویژه رهبران دینی است که با جداکردن دین از سیاست، به استحکام جامعه و دین کمک کنند. جدایی دین از سیاست، عدم دخالت در دین، اصلاحات دینی، تلاش برای خرافه‌ستیزی و جهل‌مقدس از جمله اموری‌است که به ثبات جامعه و دین کمک خواهد کرد. این امر با پرکردن شکاف در جامعه ایرانی به ثبات آن منجر خواهد شد. امروزه بخش قابل توجهی از اقشار جامعه را دینداران تشکیل می‌دهند. ثبات نهاد دین و جدایی آن از سیاست از اموری است که اکثریت جامعه از جمله دینداران خواستار آن هستند و به‌نظر می‌رسد که باید نسبت به انجام آن اقدام کرد.

١

چالش دولت و ملت در ایران:
گامی به جلو یا سقوط؟

مردم ایران چالشی آسیب‌رسان، پایدار و ناتوان‌کننده را تجربه می‌کنند، زیرا اکثریت آنان خواستار آزادی بیشتر هستند، در حالی که رژیمی استبدادی با واکنشی تهاجمی به این خواست منطقی، پاسخ داده است. این جنبش از حمایت قوی اکثریت عمدتاً سازمان‌نیافته برخوردار است. در مقابل، رژیم طرفداران کمتری دارد، اما به خوبی تثبیت شده، قدرت را در دست دارد، و متحد است. از آنجا که رهبری کنونی در صورت استقرار یک دولت جدید به‌طور بالقوه با چالش‌های قابل توجهی روبرو خواهد شد، می‌توان انتظار داشت که رژیم در دفاع از وضعیت موجود مقاومتی قوی انجام دهد.

با توجه به اینکه مردم (در هر دو طرف) پرشور هستند، این بحث سعی می‌کند فراحزبی باشد. «تعارض» یک اصطلاح عمومی است که اختلاف نظرها و روش‌هایی را که مردم به آنها پاسخ می‌دهند، توصیف می‌کند. حداقل دو نوع تعارض آشکار به چشم می‌خورد: داخلی و خارجی. ایران، درگیری‌های شدید داخلی و خارجی را از سر می‌گذراند.

درگیری داخلی شامل اختلاف نظر بین نیروهای رقیب در یک گروه اجتماعی است. در ایران، دولت و حامیانش فوق‌العاده محافظه‌کار هستند، در حالی که اپوزیسیون خواهان آزادی‌های فردی و اجتماعی بیشتر و شیوه‌ی زندگی

سکولار و عرفی است. به دلیل تلاش‌های تهاجمی حکومت افراطی اسلامی برای تأثیرگذاری بر امور بین‌المللی، علاوه بر این، درگیری‌های خارجی نیز به وجود آمده که منجر به تحریم‌ها و محدودیت فعالیت‌های اقتصادی گردیده است. چنین اقدامات تلافی‌جویانه‌ای منجر به شکست اقتصادی و در نتیجه ناامیدی و ناآرامی شده است.

پذیرش و تشخیص تعارض

تا یک نقطه، تعارض و اختلاف، طبیعی و سالم است. زمانی که ذینفعان مختلف عقاید، اولویت‌ها و/ یا اهداف متفاوتی را پذیرفته باشند، ناگزیر تعارض به وجود می‌آید. اگر به شیوه‌ای هماهنگ با آن برخورد نشود، تنش آسیب‌زا می‌تواند ایجاد شود که روابط مثبت را تضعیف می‌کند.

نکته مثبت این است که اگر به تعارضات به شیوه‌ای سازنده و عادلانه پرداخته شود، روابط را می‌توان تقویت کرد و باعث تفاهم، همکاری و همیاری شد. حکومت ایران، متأسفانه تمایل چندانی برای پیمودن چنین مسیری از خود نشان نداده است.

سطوح مختلفی از تعارض وجود دارد. برخی از درگیری‌ها صرفاً شامل اختلافات جزئی و اجتناب‌ناپذیر هستند که تهدید کمی برای همکاری و مراوده ایجاد می‌کنند. برخی دیگر مخل هستند و می‌توانند روابط مثبت را از بین ببرند یا از توسعه آنها جلوگیری کنند. این تغییرات را می‌توان به عنوان مشکلات مزمن تا بحران‌های تمام‌عیار به تصویر کشید.

هر زمان که افراد در تعارض باشند، ناگزیر مشکلات و اختلافات اندکی ایجاد می‌شود. اگر به‌طور عادلانه به رسمیت شناخته شوند و به آنها پرداخته شود، تأثیرات منفی آنها ناچیز بوده و قابل کنترل است. در اکثر کشورهای دموکراتیک باثبات، این درگیری، امری عادی است؛ اگرچه ممکن است تفاوت‌های واقعی در این زمینه وجود داشته باشد، اما با استفاده از روش‌هایی منطقی قابل حل هستند. با این همه، چنین همکاری‌هایی در جایی که رژیم‌های خودکامه حکومت

می‌کنند کمتر برجسته است. به نظر می‌رسد وضعیت ایران همین است. از سوی دیگر، اگر اختلافات حل نشده رها شوند، پتانسیل مخرب آنها می‌تواند رشد کند و منجر به اختلافات مزمنی شود که عوارض و آسیب‌های عمده‌ای به همراه دارد. اگرچه عوامل فردی ممکن است ناچیز باشند، اما در مجموع می‌توانند باعث ناامیدی، بی‌اعتمادی و خشم شوند.

در ایران کنونی، بسیاری از مردم از محدودیت‌هایی که با فرهنگ معاصر و آرمان‌های اکثریت جامعه مغایر است، ناراضی هستند. این محدودیت‌ها شامل احکامی مانند حجاب اجباری زنان و ممنوعیت حضور آنها در ورزشگاه‌هایی است که مسابقات فوتبال مردان در آنها برگزار می‌شود. این مقررات (که رژیم به دلیل بینش خاص خود از اسلام مقرر داشته) منعکس کننده‌ی خواسته‌های عمومی نیست. در نتیجه، درگیری مزمن به یک بحران تمام عیار تبدیل می‌شود. ایران در حال حاضر از یک بحران مزمن رنج می‌برد که گزینه‌های کمی در چشم‌انداز مدیریت آنها دارد؛ لذا وضعیتی سیال، ناپایدار و خطرناک پدیدآمده که هیچ آینده روشنی برای آن دیده نمی‌شود.

بنابراین برخلاف درجه‌ای از تعارض و چالش که طبیعی است در بسیاری موارد می‌تواند منجر به پیشرفت سازنده و مثبت شود؛ در موارد دیگر، درگیری‌ها می‌توانند از کنترل خارج شوند و منجر به بحران‌های آسیب‌زا و معکوس گردند. در حال حاضر، ایران با وضعیت دوم مواجه است و تاکتیک‌های غیرمنطقی و تندروی رژیم نشان می‌دهد که تمایلی به تسلیم شدن ندارد.

روش‌های مقابله

افراد و سازمان‌ها، با تعارض به روش‌های مختلفی برخورد می‌کنند. یک نمودار کلاسیک توسط کنت توماس (۱۹۷۶) در «تعارض و مدیریت آن» ارائه شده که در آن پنج استراتژی اساسی شامل «همکاری»، «رقابت»، «سازش»، «تسلیم» و «اجتناب» مورد بحث قرار گرفته است.

همکاری به عنوان «من برنده می‌شوم، تو برنده می‌شوی» توصیف می‌شود که در آن، رقبا جهت دستیابی به اهدافی برای منافع مشترک با یکدیگر همکاری می‌کنند. اگرچه اختلاف نظر وجود دارد، اما برای کاستن از تنش‌ها، این اختلاف‌نظرها کاهش یافته و حل می‌شود. در ابتدا این وضعیت پس از انقلاب ۱۳۵۷ در ایران وجود داشت، اگرچه پس از مدتی حکومت اسلامی کنترل را به دست گرفت و دیدگاه‌های دیگر را سرکوب کرد.

در موقعیت سازش، نگرش «تو کوتاه می‌آیی، من کوتاه می‌آیم» غالب است. این استراتژی مستلزم آن است که همه طرفین درگیر از چیزی ارزشمند صرف نظر کنند، درحالی‌که هر یک به‌طور همزمان به هزینه دیگری سود نیز می‌برند. در این وضعیت، منافع مشترک (یا حداقل نگرانی‌های همه ذینفعان درگیر) مورد توجه قرار گرفته است. در این شرایط، برخی از مسائل ممکن است حل‌نشده باقی بماند. اگرچه سازش می‌تواند یک تاکتیک سازنده باشد، اما مذاکره‌کنندگان باید مراقب باشند که تسلیم نشوند. در سال ۸۸، «جنبش سبز» این رویکرد را امتحان کرد و شکست خورد.

به دلیل تنش‌های موجود در داخل ایران، فضای مساعدی برای دادن امتیازات متقابل وجود ندارد. متأسفانه به تعویق انداختن تصمیمات حساس ممکن است «بمب ساعتی» ایجاد کند که در آینده منفجر خواهد شد.

رقابت در جایی وجود دارد که نگرش «من برنده‌ام، تو می‌بازی» غالب باشد. این نوع رابطه با پتانسیل ضرر یا سود همراه با تمرکز اولیه بر منافع مشخص می‌شود. اگرچه امکان موفقیت وجود دارد، ولی احتمال شکست و باخت نیز مطرح است.

چنین مدلی ظاهراً منعکس‌کننده وضعیت کنونی ایران است که در آن استراتژی‌های موفقیت شامل خنثی‌کردن و شکست مخالفان است. در حال حاضر، مخالفان در تلاش برای سازماندهی و جلب حمایت کشورهای خارجی هستند، در حالی که رژیم در تلاش است به‌طور استراتژیک بار دیگر به سرکوب متوسل شود.

رژیم اغلب در داخل و خارج نظام از چنین روشی استفاده کرده است. به این ترتیب، به‌جز خمینی افرادی مانند منتظری، بنی‌صدر، رفسنجانی، موسوی، در درگیری‌های جناحی درون رهبری رژیم از قدرت رانده شدند. به‌عنوان مثال، بنی‌صدر مجبور شد ایران را ترک کند، زیرا جانش در خطر بود. همچنین رفسنجانی که دست راست خمینی بود به طرز مرموزی درگذشت. چه کسی می‌داند در صورت ادامه قدرت گرفتن اپوزیسیون، چه تنش‌های داخلی‌ای در درون نظام پدیدار خواهد شد؟

علاوه بر احتمال درگیری داخلی در رژیم، تنش‌های عمیق بین رهبری مذهبی و جامعه نیز تا اندازه‌ای شناخته شده است که نیازی به بازگویی آن در این مجال اندک نیست.

در روش تسلیم، یک طرف به دیگری اجازه می‌دهد که برنده شود. این روند را می‌توان با عبارت «من باختم، تو برنده‌ای» توصیف کرد. در برخی موارد، یک موقعیت خاص ممکن است تأثیر قابل توجهی بر یک گروه نداشته باشد، در حالی که برای گروه دیگر مهم است. در چنین شرایطی، دادن امتیاز می‌تواند یک معامله استراتژیک خوب باشد. این سناریو در ایران بعید به نظر می‌رسد، زیرا نه اپوزیسیون و نه نظام، حاضر به تسلیم شدن نیستند. اگرچه بسیاری از مردم بر آزادی رأی تاکید دارند، اما حکومت در جهت مخالف حرکت کرده است.

برای مثال، اگر رژیم اسلامی به زنان اجازه می‌داد تا به شیوه‌ای عرفی لباس بپوشند، از چیزی که ارزش زیادی برای مخالفان دارد صرف نظر می‌کرد و در مقابل، هیچ چیز آشکاری دریافت نمی‌کرد. با این حال، اگر تنش‌ها کاهش یابد و بتواند در قدرت بماند، رژیم می‌تواند از آن سود ببرد. اگر در نبردی نتوان پیروز شد، ترک مبارزه قبل از تحمل آسیب‌های بیشتر می‌تواند تاکتیکی منطقی و سودمند باشد. با این حال، هیچ دلیلی وجود ندارد که باور کنیم حکومت موجود به این شیوه روی می‌آورد، حتی اگر انجام آن به سود رژیم باشد.

در اجتناب، وضعیت «بدون برنده و بدون بازنده» وجود دارد. با حل‌نشدن مسائل مهم، بطور بالقوه می‌توان تنش را به‌طور کوتاه‌مدت کاهش داد. انجام این کار ممکن است هماهنگی یا همکاری موقت ایجاد کند و در عین حال علل تنش را نادیده بگیرد. رژیم ایران ممکن است امیدوار باشد که وضعیت موجود را حفظ کند، اما متاسفانه این کار را از طریق سرکوب و خشونت انجام می‌دهد. برای مثال، در ایالات متحده آمریکا، قوانین ملی ماری جوانا را در سراسر کشور غیرقانونی می‌دانند. با این حال، در سال‌های اخیر، ایالت‌های مختلف با سرپیچی از این قانون در محدوده خود آن را قانونی کرده‌اند، حتی اگر قوانین ایالتی که با احکام ملی در تضاد هستند، فاقد اعتبار باشند. با این حال، در بیشتر موارد، دولت فدرال تصمیم گرفته است که ایالت‌ها را علنی به چالش نکشد، حتی اگر این حق را داشته باشد. درواقع با سیاست «زندگی کن و بگذار زندگی کنند» یک آتش بس غیررسمی برقرار است که تنش‌ها را کاهش می‌دهد؛ اگرچه تصمیمات دشوار صرفاً به تعویق افتاده است.

اگر رژیم ایران، قانون حجاب را به قوت خود حفظ می‌کرد، اما آن را سخت‌گیرانه اجرا نمی‌کرد، نتیجه‌اش آزادی شخصی بیشتر برای مردم ایران می‌بود، هرچند که رژیم رسماً قوانین «حجاب و عفاف» خود را برای زنان کنار نمی‌گذاشت. به نظر می‌رسد رژیم و مخالفان آن هر دو در حالت رقابتی عمل می‌کنند که به دنبال پیروزی از طریق خنثی کردن یا شکست دادن طرف مقابل است. چنین محیطی، سازش را محدود می‌کند و مانع از همکاری می‌شود. کسانی که می‌خواهند درگیری و تنش را کاهش دهند، باید چنین تاکتیک‌های تحریک‌آمیزی را تعدیل کنند. شرایط کنونی در ایران ممکن است چنان ثابت و مستحکم شود که هر دو طرف تا شکست طرف مقابل به مبارزه ادامه دهند.

پیش‌فرض‌ها

افراد و گروه‌های خاص به شیوه‌ای قابل پیش‌بینی، سیستماتیک و «از پیش برنامه‌ریزی شده» فکر و عمل می‌کنند. بر این اساس، رایانه‌ها تمایل دارند با

انواع «تنظیمات پیش‌فرض‌های از پیش تعیین‌شده» بارگذاری شوند. تنظیمات پیش‌فرض‌ها شامل: (۱) فرهنگ، (۲) ارزش‌ها، (۳) و پارادایم‌ها است. تأثیرات دیگر (مانند نیازها) به وضوح وجود دارد، اما در اینجا مورد توجه قرار نمی‌گیرد.

فرهنگ: در زمان شاه، ایران مدرنیزاسیون، توسعه اقتصادی، سکولاریسم و غرب‌زدگی را تجربه کرد. اگرچه شاه سرنگون شد، بخش بزرگ و قدرتمندی از مردم این تغییرات را پذیرفتند. این میراث پس از انقلاب ۱۳۵۷ باوجود آن‌که رژیم اسلامی از کارزارهای مهندسی اجتماعی و روانی در تلاش برای تغییر باورها و اولویت‌های مردم استفاده کرد، از بین نرفت. رژیم به جای تأکید بر سنت‌های ایرانی، یک حکومت مذهبی قوی و بانفوذ شیعی ایجاد کرده است. بجز نوروز که جمهوری اسلامی نتوانست آن را محو کند، اعیاد دیگر از نوع مذهبی است.

ارزش‌ها: ارزش‌ها یا معیارهایی عرفی قابل قبول و احترام‌اند. علاوه بر این، ارزش‌ها اغلب تحت تأثیر ملاحظاتی قرار می‌گیرند که فراتر از فرهنگ عمومی است. این متغیرها می‌توانند شامل مسائلی (مانند سن، جنس و مذهب) باشند. اگرچه ارزش‌ها اغلب منعکس‌کننده‌ی میراث فرهنگی عمومی یک فرد هستند، اما می‌توانند چگونگی تکامل فرهنگ در طول زمان را نیز منعکس کنند. در این راستا، نسل کنونی ایران به طور فزاینده‌ای دارای باورهای سکولار است؛ باورهای خواهان حقوق برابر برای همه مردم، به ویژه زنان، و از کنترل‌های سفت و سخت بر زندگی خود منزجر است.

نسل پس از انقلاب، تجربه خود را دارد. امروزه درصد زیادی از جمعیت ایران جوان هستند و ارزش‌های متمایز خود را در رابطه با آزادی شخصی و سکولاریسم توسعه داده‌اند. این نسل جوان با نسل‌های قدیمی و دولت در تضاد هستند. دیدگاه آنها به شدت از اولویت‌های جمهوری اسلامی فاصله دارد.

این بخش، جمعیتی قدرتمند است که تأثیری عمیق بر ایران خواهد گذاشت و می‌توان انتظار داشت که در آینده قدرت بیشتری به دست آورد چون زمان به نفع آن است.

پارادایم‌ها: پارادایم‌ها، سیستم‌های باوری فراگیر هستند که نحوهٔ تفکر مردم

را هدایت می‌کنند. آنها می‌توانند تأثیر قدرتمندی داشته باشند، حتی اگر نادرست باشند. وضعیت اسفبار گالیله و تلاش‌های او برای متقاعد کردن مردم به اینکه زمین به دور خورشید حرکت می‌کند، نمونه‌ای از این موارد است. در زمان گالیله، الگوی قدیمی که خورشید به دور زمین می‌چرخد، چنان قوی بود که در کوتاه‌مدت، نمی‌شد آن را با موفقیت به چالش کشید. با این حال، در نهایت، پارادایم قدیمی شکست خورد و امروزه تقریباً همه می‌دانند که زمین به دور خورشید می‌چرخد.

انقلاب اسلامی فقط یک رویداد سیاسی نبود. این انقلاب مجموعه‌ای از پارادایم‌های محافظه‌کارانه در مورد اندیشه و اخلاق را در بر می‌گیرد که، درست یا نادرست، با اولویت‌ها و باورهای بسیاری از ایرانیان معاصر مطابقت ندارد. اساس تفکر این رژیم، مبتنی بر ایدئولوژی ولایت فقیه است که به تلاش برای اسلامی کردن تمام ابعاد زندگی انجامیده است. انجام این کار، رژیم را در مسیر برخورد و تقابل با نسل جوان و آینده قرار داده است.

نظام جمهوری اسلامی، اساساً ماهیت اسلامی دارد و توسط دیدگاه خاصی از دین کنترل می‌شود. بسیاری از ایرانیان احساس می‌کنند که طرفِ «جمهوریِ» معادله، نادیده گرفته شده و تردید دارند که رژیم فعلی بتواند وضعیت را اصلاح کند.

تنظیمات پیش‌فرض‌ها می‌توانند بسیار تأثیرگذار باشند، حتی اگر با گذشت زمان، جایگزین‌هایی با تکامل دانش و فرهنگ‌ها ظاهر شوند. در ایران امروز، «تنظیمات پیش‌فرض‌های» اکثر شهروندان ایرانی در تضاد با رژیم اسلامی است که در حال حاضر در قدرت است. در نتیجه یک وضعیت ناپایدار به وجود آمده است.

یک وضعیت در حال تحول

ایران با بحرانی عمیق مواجه است که بسیار فراتر از اختلافات پیش پا افتاده یا ناآرامی‌های قابل کنترل است. اگرچه بیشتر ایرانیان خواهان تغییرات بنیادین هستند (یک حکومت جدید)، اما رژیم فعلی خود را وقف حفظ وضعیت

موجود کرده است. اگر تنش‌های کنونی را نتوان معکوس کرد یا کاهش داد، بحران بطور نامحدود ادامه می‌یابد، به تدریج بدتر می‌شود و تنها زمانی پایان می‌یابد که یک طرف کاملاً شکست بخورد، حتی اگر حکومت بتواند قیام فعلی را برای مدتی سرکوب کند.

از نظر جمعیتی، نسل‌های جوان‌تر و مترقی‌تر ایرانیان در حال کسب نفوذ، احترام و شناسایی هستند؛ اما در حال حاضر جنبش آنها چندان سازماندهی نشده است. اگرچه اپوزیسیون در داخل ایران ممکن است فاقد قدرت استراتژیک باشد، اما میلیون‌ها ایرانی در خارج زندگی می‌کنند. پس از انقلاب ۵۷ بسیاری از ایرانیان با تحصیلات عالی و با نفوذ بالا مجبور به ترک وطن خود شدند، اما هرگز عشق خود را نسبت به آن از دست ندادند. چنین افرادی آماده‌اند تا به عنوان متحدان مردم داخل کشور در تلاش برای تغییر چشمگیر در ایران ظاهر شوند.

در این میان، حمایت از رژیم اسلامی در حال فرسایش است. توازن قوا به‌طور فزاینده در حال تغییر است و باعث ایجاد یک دور باطل می‌شود، زیرا اکثریت ایرانیان شورش می‌کنند، رژیم برای سرکوب معترضان بر جنایت بیشتر تکیه می‌کند. با ادامه رشد چرخه ناآرامی، انجام این کار باعث شعله‌ورتر شدن خشم کسانی می‌شود که در پی تغییر هستند.

مسئله دیگر این است که دیگران چگونه به بحران کنونی ایران واکنش نشان می‌دهند. به عنوان مثال، اگر مخالفان حکومت ایران از وضعیت آشفته کنونی برای تضعیف کشور (مانند از بین بردن یا از کار انداختن برنامه تسلیحاتی آن) استفاده کنند، مداخله خارجی می‌تواند نیروهای حکومتی را در ایران متحد کند. این درست پس از انقلاب ۱۳۵۷ اتفاق افتاد، زمانی که عراق در تلاشی ناموفق برای تصرف خاک به ایران حمله کرد. با وقوع این تجاوز، ایرانیان رقیب برای مقابله با دشمن مشترک، اختلافات خود را نادیده گرفتند.

حکومت و ملت در ایران و ارزیابی چالش

رژیم در ایران بسیار سازماندهی شده است. منابع مالی و دارایی‌های هنگفت برای ارعاب و کنترل در اختیار دارد؛ با این وجود، حمایت عمومی از آن ضعیف است و حمایت ضعیف بین‌المللی دارد. شرایط اقتصادی بد، تحریم‌ها علیه رژیم برقرار است و روند جامعه علیه نظام جریان دارد.

مخالفان، حمایت عمومی قوی، همگام با دنیایی که به طور فزاینده سکولار است را در کنار خود دارند. حمایت قوی بین‌المللی می‌تواند منجر به رنسانس اقتصادی شود. روندهای جمعیتی موقعیت اپوزیسیون را تقویت می‌کند. عدم سازماندهی رهبری غیر رسمی و بدون ساختار، کمبود دارایی از نقاط ضعف مخالفان رژیم است. رژیم احساس خطر می‌کند و مایل است برای محافظت از خود هر اقدامی کند.

در کوتاه‌مدت، رژیم دست بالا را دارد زیرا دارای مهارت‌های سازمانی و دارایی‌های قوی است و در حال حاضر با سرکوب، کنترل اوضاع را در دست دارد. با این حال، حمایت عمومی در حال کاهش است و روندهای جمعیتی بر خلاف وضعیت موجود کار می‌کنند. در مقابل، اپوزیسیون، ضعیف است، اما به طور فزاینده‌ای حمایت عمومی را به دست می‌آورد. به نظر می‌رسد که زمان و جریان تاریخ به نفع مخالفان است اگر بتوانند اوضاع را به شکلی مؤثر مدیریت کنند. وسایل ارتباطی مانند تلویزیون و رسانه‌های اجتماعی به مردم در داخل و خارج کشور قدرت داده است تا دیدگاه‌ها و روایت‌های خود را به اشتراک بگذارند.

گرچه گرایش‌های محافظه‌کارانه شدید اسلامی در ایران محبوبیتی ندارند، اما باور اینکه این گرایش‌ها به زودی محو خواهند شد، بسیار ساده‌لوحانه است. حتی اگر رژیم کنونی متزلزل باشد، نیروهای محافظه‌کار بطور بالقوه آماده ورود به میدان هستند. مثلاً اگر سپاه پاسداران انقلاب اسلامی احساس کند که رژیم فعلی کنترل خود را از دست می‌دهد، ممکن است اقدام به کودتا کند. در چنین شرایطی، رهبری جدید ممکن است از نظر استراتژیک محدودیت‌های غیرمحبوب مانند حجاب زنان را کاهش دهد، برخی از زندانیان سیاسی آزاد

شوند، کنترل‌ها بر آزادی بیان کاهش یابد، و ممکن است وعدهٔ انتخابات آزاد داده شود. با این حال، اینها صرفاً امتیازات نمادین خواهند بود. اگر چنین باشد، کنترل‌های دیکتاتوری ادامه خواهد یافت و صرفاً روکش آن عوض خواهد شد.

آیا تحولات کنونی در ایران یک جهش مثبت به سوی بازسازی ایران است؟ یا نمونه‌ای از سقوط در درّه هرج و مرج و نزاع وحشتناک؟ کسانی که در هر دو طرف درگیر این مبارزه هستند، باید به‌طور جدی به این سوال توجه کنند.

* دکتر الف. اچ. وال و دکتر رضا سعیدی فیروزآبادی این بررسی را در همکاری با «گروه پژوهشگران برای آزادی ایران» تهیه کرده‌اند. دکتر رضا سعیدی فیروزآبادی پزشک متخصص پیوند اعضا و عضو کنونی هیأت هماهنگی پروژه‌ی ققنوس ایران است.

REFERENCES

- Astani, Mosatafa (2024) “Iran’s Inflation Strategies and Economic Policies Ahead” Iran News Update October 27, 2024 “Iran›s Inflation Struggles and Economic Policy Challenges Ahead” - Iran News Update. Harrison, Frances (8 January 2007). “Huge cost of Iranian brain drain”. BBC News. January 8, 2007)
- Mahoutchi, Farid (2024) “Tehran Stock Market Plummets Amid Fears of Major Regional Conflict Fallout” August 4, 2024) Tehran Stock Market Plummets Amid Fears of Major Regional Conflict Fallout - NCRI.
- Financial Action Task Force. (nd) Home page of Financial Action Task Force hpps//www,fatf Serjoie, Kay Armin (December 16, 2024). “Iran’s Very Bad Year”. TIME Magazine December 16, 2024Policy Challenges Ahead
- World Bank Group (ND) Islamic Republic of Iran https://www.worldbank.org/en/country/iran/overv

اهمیت حفظ سرمایه‌های انسانی

پس از تغییرات سیاسی - حکومتی در ایران

سرمایه انسانی (Human capital) هرکشور به عنوان ارزشمندترین و گران‌قیمت‌ترین دارایی آن کشور محسوب می‌شود. برای سرمایه انسانی تعاریف مختلفی ارائه‌شده است. سرمایه انسانی دربرگیرنده «شایستگی، دانش، خلاقیت، نوآوری و ویژگی‌های اجتماعی و شخصیتی افراد» برای تحقق اهداف سازمان/کشور است. بکر (۱۹۹۶) ویژگی‌های کیفی افراد شامل دانش، مهارت، خلاقیت، و سلامت را به عنوان سرمایه انسانی معرفی می‌کند. آز آنجا که مهارت، دانش، و ارزش‌های یک فرد بر خلاف دارایی‌ها و اموال، جزء تفکیک‌ناپذیر اوست، لذا سرمایه انسانی به عنوان پایدارترین و تجدیدپذیرترین سرمایه محسوب می‌شود. تعاریف متعددی از سرمایه انسانی مطرح‌شده که در جدیدترین این تعاریف، سرمایه انسانی عبارت است از سرمایه‌گذاری بر روی منابع انسانی با هدف افزایش بازدهی و بهره‌برداری در آینده.

اغلب استراتژی‌های سازمانی با تمرکز بیشتر بر روی منابع مالی، فیزیکی، و یا تکنولوژی تنظیم می‌شود. این در حالی‌ست که با توجه به پراهمیت‌ترشدن پدیده «جهانی‌شدن» و ظهور فن‌آوری‌های نوین در سال‌های اخیر، سازمان‌ها و در ابعاد وسیع‌تر، جوامع انسانی به منظور بقا، رشد و ارتقا، نیاز به تاکید بر منابع مهم دیگری همچون سرمایه انسانی و مدیریت مؤثر نخبگان دارند. چمبرز و همکاران در سال ۱۹۹۶ در مقاله «جنگ برای استعدادها»، این موضوع

را با تاکید بر توسعه، جذب مؤثر، حفظ و ایجاد انگیزه برای استعدادها تایید می‌کنند. اهمیت و تمایز سرمایه‌های انسانی بر سایر اشکال سرمایه آن‌جا آشکارتر می‌شود که بر خلاف سایر انواع سرمایه، یک فرد را نمی‌توان از ارزش‌ها، دانش و مهارت‌هایش جدا کرد، درحالی‌که این موضوع در مورد سرمایه مالی و دارایی‌های فرد امکان‌پذیر است. این موضوع تاکید بر این نکته که پایدارترین و تجدیدپذیرترین سرمایه‌ها سرمایه‌های انسانی هستند را بیشتر می‌کند. براساس مقالات و تحقیقات موجود، موفقیت‌های سازمانی و اجتماعی هر کشوری به افرادی بستگی دارد که از سطح بالاتری از شایستگی‌ها برخوردار باشند و در صورت تحقق این امر، این افراد در دسته سرمایه‌های بسیار با ارزش سازمان‌ها و جامعه قرار خواهند گرفت و در نتیجه ارزش افزوده بالایی را برای سازمان و جامعه ایجاد خواهند کرد.

با توجه به اینکه سرمایه انسانی از عواملی‌ست که به‌طور مستقیم در رشد و توسعه ملی تاثیرگذارست، حفظ و مدیریت موثر آن باید به عنوان یکی از اولویت‌های اساسی پژوهشگران و دولتمردان قرار گیرد. اشتون و گرین در سال ۱۹۹۶ در تحقیقات خود بر این نکته تاکید داشتند که ارتباط بین سرمایه انسانی و سایر فاکتورهای اقتصادی-اجتماعی باید با دقت در درون بافت‌های اجتماعی-سیاسی مورد ارزیابی و مطالعه قرار گیرد.

این نوشتار، ابتدا به طبقه‌بندی سرمایه‌های انسانی پس از انقلاب سال ۱۳۵۷ می‌پردازد و پس از آن اهمیت استراتژی و برنامه‌ریزی کوتاه و بلندمدت برای حفظ و مدیریت موثراین سرمایه‌ها مورد بررسی قرار می‌گیرد. سپس راهکارهای پیشنهادی جهت مدیریت موثر منابع انسانی در جریان تغییرات و پس از آن مطرح می‌گردد. در پایان، نتیجه‌گیری و جمع‌بندی از مباحث مطرح‌شده به‌طور خلاصه عنوان می‌گردد. لازم به ذکر است که تمامی موارد پیشنهادی، مستلزم بحث و بررسی صاحب‌نظران، مدیران توانمند و افراد صاحب خلاقیت است.

طبقه‌بندی سرمایه‌های انسانی در ایران

در ایران، سرمایه‌های انسانی پس از انقلاب ۱۳۵۷ به چند دسته‌ی اساسی تقسیم‌بندی می‌شوند:

گروه اول - نخبگانی که از مخالفان رژیم جدید بودند و در سال‌های اولیه انقلاب از کشور مهاجرت کردند. این گروه عمدتاً از سطح زندگی مناسبی در ایران برخوردار بودند و به‌دلیل آگاهی زیاد و پیش‌بینی وضعیت آینده کشور و یا بعضاً به اجبار، ناگزیر به خروج از کشور و مهاجرت شدند. این گروه معمولاً از افراد بسیار موفق ایرانیان خارج از کشور محسوب می‌شوند.

گروه دوم - نخبگانی که در ایران زندگی می‌کنند، طرفدار حکومت نیستند، و با هر سطح اقتصادی (معمولاً متوسط و یا کمتر) در داخل کشور زندگی می‌کنند. مثال بارز این گروه، ارتش یا نوبازاریان خرده‌پا، کارمندان و اقشار با درآمد متوسط (و متاسفانه در چند ماه اخیر به دلیل تورم بالا، متوسط به پایین) و دانشگاهیان هستند با رده سنی حدود چهل سال به بالا که پس از سال‌های سال تلاش و کوشش، دلشان به آپارتمانی کوچک و ماشین زیر پایشان خوش است و ذهنشان ناآرام و متلاطم از اینکه فردا چه بر سرشان خواهد آمد.

گروه سوم - نخبگانی که وابسته به حکومت هستند و از امکانات مالی و رفاهی بسیار بالایی برخوردارند. این گروه در بهترین مناطق تهران و شهرستان‌ها، در شیک‌ترین و گران‌ترین آپارتمان‌ها و یا ویلاها زندگی می‌کنند. سوار بر ماشین‌های گران‌قیمت خارجی بوده و از بالاترین قدرت خرید برخوردارند. گویی در دنیایی دیگر زندگی می‌کنند. رفت و آمد همسر و فرزندانشان به خارج از کشور چه برای تفریح و چه برای زندگی از آب خوردن برایشان ساده‌تر است.

گروه چهارم - نخبگانی که در ایران حاضر به همکاری و وابستگی با نهادهای دولتی نشدند و به دلیل فشارهای مختلف وارده و نبود امید به آینده‌ای روشن، ناگزیر به مهاجرت شده‌اند (فرار مغزها). از بارزترین نمونه‌های این گروه، می‌توان به فارغ‌التحصیلان رشته‌های مهندسی، پزشکی و علوم انسانی بهترین دانشگاه‌های کشور اشاره کرد که با هزاران امید و آرزو و ساختن فردایی

بهتر برای خود و جامعه روانه بازار کار شدند، اما متاسفانه به دلیل نداشتن رانت و روابط با مسئولین دولتی (پارتی)، موفق به ورود به بازار کار نشدند و حتی در صورت ورود به سازمان مربوطه، در صورت امتناع از برقراری رانت‌ها و روابط مربوطه، هرگز به جایگاه‌های در خور شأن خود دست نیافتند و سرانجام به دلیل فشارهای مختلف اجتماعی، کاری و اقتصادی، گزینهٔ مهاجرت را برگزیدند.

اهمیت برنامه‌ریزی و حفظ سرمایه‌های انسانی در طول دوره‌های مختلف تغییر

بررسی سایر کشورها و تغییرات آنها، نشان‌دهندهٔ شباهت‌های زیادی با وضعیت کنونی ایران است. این شباهت‌ها نکته قابل توجه نبوده، بلکه نتایج حاصل از تغییرات و اثرات بعدی آن است. تجربه تاریخی، روندهای متفاوتی را نشان داده است که شباهت بسیاری از آنها کشته‌شدن نخبگان تاثیرگذار در فرایند گذر و یا بعد از آن است. در انقلاب اکتبر تزاری، تزار و تمام خانواده و بستگانش کشته شدند. در انقلاب کبیر فرانسه با تخمین قریب به حدود ۳٫۱ میلیون و در زمان تثبیت ناپلئون ۱٫۴۷ میلیون نفر کشته شدند که سمبل آنها انتونیو لاوازیه است که با وجود ثمرات بسیاری که برای ملت فرانسه داشت، در جریان انقلاب گردن زده شد. نمونهٔ دیگر از دست‌دادن سرمایه‌های انسانی، بهار عربی است. آمارهای رسمی شمار کشته‌شدگان را بیش از ۶۲۰۰۰ نفر اعلام می‌کنند. علت این کشتارها را می‌توان بیشتر به جنگ داخلی بین حکومت‌ها و مخالفان دانست. اما میزان کشته‌شدگان نخبه را بیشتر می‌توان بعد از اتمام جنگ یا پس از انقلاب بررسی کرد و آن زمانی است که تسویه‌حساب‌های سیاسی شروع می شود. به‌طور مثال می‌توان به میزان کشته‌شدگان خلبان‌های عراقی بعد از سقوط حکومت صدام اشاره کرد. بسیاری از آمارها، البته با تردید، کشته‌شدن این خلبان‌ها را انتقام بعد از جنگ ایران با عراق می‌دانند. این موضوع در مورد تسویه‌حساب‌های گروهی بعد از انقلاب ۵۷ ایران هم دیده می‌شود، وقتی بسیاری از مخالفان

در داخل و خارج از کشور کشته شدند. از بارزترین آنها می‌توان شاپور بختیار، ارتشبد غلامعلی اویسی و فریدون فرخزاد را نام برد.

یکی از دلایل همراهی نخبگان با حکومت‌ها، آموزه‌های تاریخی است که نشان‌دهنده از بین‌رفتن طبقه نخبه حاکم است. بر این اساس، بسیاری از نخبگانی که حتی موافق صددرصد و کامل نظام نیستند، بلکه به‌واسطه فعالیت‌های شغلی یا مالی به حکومت فعلی وابستگی دارند، خود را در خطر دیده و در حفظ شرایط فعلی پافشاری می‌کنند. این گروه، سنگ بنای حفظ حکومت هستند. حکومت‌های تمامیت خواه نیز از این حربه استفاده کرده و افراد را به روش‌های مختلف به تنه حکومت گره می‌زنند. به‌طور مثال، بسیاری از فعالان بازار سرمایه بایستی با شرکت‌های دولتی یا شبه‌دولتی تبادل کالا داشته باشند تا بقای خود را تضمین کنند. این افراد خواسته یا ناخواسته در مسیر حکومت قرار می‌گیرند. مثال دیگر گروه‌های استخدامی نظیر استادان دانشگاه‌ها هستند؛ مخصوصاً استادان جدید که در زمان پس از انقلاب از چرخه‌های گزینشی عبور کرده‌اند. آنها یا در مورد اتفاقات سکوت کرده‌اند و یا در بسیاری از موارد دارای پرونده‌های انضباطی به دلیل مباحث مطرح شده در مخالفت با نظام هستند.

اگر چه گروه‌بندی‌ها و یا ریشه‌های همراهی یا مخالفت افراد می‌تواند براساس نگرش‌های مختلف تغییر نماید، اما روش مدیریت این سرمایه‌های انسانی در زمان تغییر یکسان است. دوره و طول زمان تغییر در روند هزینه‌های سرمایه‌های انسانی مهم است. اگر تغییر را به سه دوره‌ی زمانی قبل از تغییر فیزیکی حکومت، تغییرات فیزیکی حکومت، و بعد از تغییر حکومت تقسیم کنیم، مدیریت سرمایه‌های انسانی شفاف‌تر می‌شود.

۱. هزینه نیروهای انسانی در دوره‌ی اول بیشتر مربوط به نیروهای تغییردهنده است. افراد راهبر تغییرات معمولاً در این دوره توسط حکومت زندانی و یا کشته می‌شوند و این باعث انحراف جریان تغییر می‌شود. شعارهای

انقلابی نیز با این افراد از بین‌رفته و حکومت جدید را افرادی در دست می‌گیرند که تعهدی به آرمان‌های تغییرات ندارند. لذا حفظ افراد کلیدی باید از مهم‌ترین وظایف گروه‌های تغییر باشد.

۲. دوره‌ی دوم را می‌توان دوره تقابل مردم و حکومت نامید. در بیشتر انقلاب‌ها طولانی‌شدن بازه دوم (شبیه جنگ‌های داخلی) هزینه‌های سرمایه‌های انسانی و مردمی را بسیار بالا می‌برد؛ بنابراین بهتر است تا این دوره به سرعت پایان یابد.

۳. دوره‌ی مهم سوم پس از تغییرات حکومت است. در اکثر انقلاب‌ها، گروه‌های حامی تغییرات سعی می‌کنند مخالفت‌های فکریشان را با دیگران کنار بگذارند و بر تغییر متمرکز شوند. این واکنش لازمهٔ به ثمررساندن تغییر است. با این وجود، عواقب این کار، هزینه‌های زیادی را ایجاد می‌کند. یکی از این هزینه‌ها سردرگمی بعد از تغییر است. گروه غالب در تغییر سعی خواهد کرد که کشور را آرام کند، اما گروه‌های کوچک متحدشده به اقدامات گروهی روی می‌آورند که مهم‌ترین آنها انتقام از حامیان رژیم قبلی است. بنابراین زمان آگاه‌سازی و برنامه‌ریزی برای حفظ نیروهای انسانی باید قبل از وقوع تغییر باشد تا همه گروه‌ها و افراد از اقدامات برنامه‌ریزی‌نشده خودداری کنند.

راهکارهای پیشنهادی برای برنامه‌ریزی منابع انسانی در جریان تغییرات و پس از آن

اگر اقدامات فوق‌الذکر به درستی برنامه‌ریزی و هماهنگ شوند، هزینه‌های تغییر نیز کاهش می‌یابد؛ چرا که نیروهای حامی رژیم حاکم، ترسی از بعد از تغییر نخواهند داشت و تا آخرین نفس مقاومت نمی‌کنند. چه بسا بسیاری از این افراد در مسیر تغییر، راه خود را تغییر داده و به سمت تغییرات حرکت می‌کنند. برای برنامه‌ریزی باید موارد زیر بررسی و مدیریت شود:

۱. واضح است که نمی‌شود همه‌ی افراد حامی رژیم فعلی را هم مورد عفو قرار داد و افرادی که اقداماتی علیه بشریت انجام داده‌اند باید محاکمه شوند. حتی برای این گروه از افراد باید از قبل برنامه‌ریزی شود. بسیاری از این افراد

دارای اطلاعات محرمانه‌ای هستند که می‌توانند برای آینده اداره‌ی کشور مورد نیاز باشد. از طرف دیگر نباید فراموش کرد که خونریزی‌های پس از انقلاب‌ها صرفاً بذر کینه و انقلاب‌های بعدی را می‌کارد.

۲. در جریان تغییرهای انقلابی، کنترل همه‌ی گروه‌ها و افراد، بسیار سخت و تقریباً غیرممکن است. بیشتر نیروهای تغییردهنده، افراد معمولی قرارگرفته در مسیر تغییرات و نه رهبران هستند. اما این گروه‌ها معمولاً از رهبران محلی تبعیت کرده و یا توسط آنها مدیریت می‌شوند. ارتباط با این رهبران محلی می‌تواند هزینه‌های سرمایه‌های انسانی را به شدت کاهش دهد.

۳. خانواده‌های افراد حامی حکومت‌ها نیز مسئله بسیار مهمی هستند. اکثر افراد تاثیرگذار در حکومت‌ها سرسلسله‌ی خانواده‌های بزرگی هستند که به منظور اعتماد از فامیل خود به‌عنوان تیم‌های اجرایی استفاده می‌کنند. قبل، در جریان، و بعد از تغییرات باید وضعیت این خانواده‌ها مشخص شود. نکته قابل تامل، عدم حضور بسیاری از بستگان درجه یک این افراد در کشور می‌باشد. مخصوصاً فرزندان ایشان که به عناوین مختلف از کشور خارج شده و معمولاً در پوشش فعالیت‌های علمی به فعالیت‌های اقتصادی و مدیریت سرمایه والدین خود مشغول هستند.

۴. نیروهای نظامی و انتظامی از گروه‌های خاصی می‌باشند که همزمان مورد احترام و خشم نیروهای تغییر قرار دارند. تفکیک این افراد بسیار سخت است چرا که بسیاری از ایشان تحت نظارت بسیار سخت حکومت بوده و همکاری‌های آنها با نیروهای تغییر نامشهود است. از طرفی هر کشوری به نیروهای نظامی و انتظامی نیازمند است. این افراد تصمیم‌گیران حکومت‌ها نبوده و صرفاً نیروهای اجرایی می باشند که وظیفه‌شان حفظ حکومت است؛ لذا اگر مدارک مستدل بر اقدام علیه بشریت در مقابل ایشان نباشد، نیروهای تغییر باید قبل از تغییر، برنامه مدونی برای این نیروها طراحی نمایند. لازم به ذکر است که در صورت تمایل این گروه به

همکاری با مردم در جریان تغییر، روند تغییر و آسیب‌های جانی به مردم بسیار کمتر خواهد شد.

۵. سرویس‌های اطلاعاتی کشورها نیز از گزینه‌های مورد خشم مردم می‌باشند. با این وجود باید در نظر گرفت که آنها نیز مهره‌های اجرایی هستند و از استراتژی‌های حکومتی پیروی می‌کنند. نیروهای تغییر معمولاً سران سرویس‌های اطلاعاتی را تغییرمی‌دهند، ولی ساختارها را حفظ کرده و یا بازسازی می‌کنند. لذا سرمایه‌های انسانی این گروه‌ها نیز باید مورد توجه قرار گیرد.

۶. شبه سرمایه‌های انسانی یکی از بلایای وارده بر نیروهای تغییر است. منظور از شبه سرمایه‌های انسانی افرادی هستند که در مسیر تغییرات نبوده و یا در رده چندم بوده‌اند و حتی در حکومت قبلی هم حضور نداشته‌اند اما یک شبه وارد صحنه شده و دارای پست‌های کلیدی می‌شوند. این افراد بسیاری از دستاوردهای تغییر را به دلیل ناآگاهی یا عمداً از دست می‌دهند. دو دلیل برای ظهور این افراد وجود دارد. اولین دلیل، کمبود نیروهای مدیریتی در مسیر تغییرات است. بسیاری از مدیران جوان و بی‌تجربه در این گروه قرار می‌گیرند. اما دسته دوم که بسیار خطرناکند، نیروهای دست‌نشانده کشورهای خارجی هستند. باید بدانیم که کشورهای خارجی همیشه سعی می‌کنند تا مهره‌هایی در حکومت‌های دیگر داشته باشند و تغییر، بهترین زمان برای رشد این نیروهاست. هرچند نمی‌شود از این موضوع جلوگیری نمود، برنامه داشتن برای مدیریت پس از تغییرات شدت حضور شبه سرمایه‌های انسانی را کم می‌کند.

۷. موضوع دیگر، نحوه‌ی استفاده بهینه از سرمایه‌های انسانی خارج از کشور است. اگرچه بسیاری از افراد خارج از کشور علاقه به بازگشت دارند اما حضور طولانی مدت در خارج، فرزندانی که با زادگاه پدری رابطه‌ای ندارند، کهولت سن، ترس از دوران تغییر و حوادث آن و بسیاری از عوامل دیگر بازگشت ایشان را محدود می‌کند. با این وجود، این افراد می‌توانند سرمایه‌گذاران

اصلاحات پس از تغییر باشند. نیروهای تغییر باید برنامه مشخصی برای این عده داشته باشند (مشاوره از راه دور، سفرهای کوتاه‌مدت دوره‌ای، ...)

جمع‌بندی و نتیجه‌گیری

همان‌گونه که ذکر شد، حفظ موثر، مدیریت، سازماندهی و برنامه‌ریزی سرمایه‌های انسانی در طول سه دوره (قبل از تغییر فیزیکی، تغییرات فیزیکی حکومت، و بعد از تغییر) از اهمیت بسیار بالایی برخوردار است. راهکارهای پیشنهادی ارائه‌شده در این مقاله می‌تواند به عنوان نقطه شروعی برای بحث و بررسی میان صاحب‌نظران اجتماعی-مردمی و مدیران خلّاق و باتجربه قرارگرفته و به نحو مقتضی در اختیار آحاد مردم قرار گیرد. عملکرد تک‌تک مردم در این مسیرِ پرخطر و پرپیچ و تاب نقش بسیار موثری در پیشبرد اهداف خواهد داشت. تحولات رخ داده در ایران پس از کشته‌شدن مهسا امینی حاکی از آمادگی فکری آحاد کثیری از مردم برای تحولات و تغییرات اجتماعی سیاسی است. در اختیار قراردادن کمک‌های فکری و عملکردی سازماندهی شده توسط نیروهای خلّاق و مردمی تاثیر بسیار مهمی برای حرکت هم‌سوی مردم به سمت تحقق اهداف خواهد داشت. نکته بسیار مهم دیگری که باید در جریان آگاه‌سازی مردم به طرق مختلف مورد توجه و فرهنگ‌سازی قرار گیرد، تاکید بر نقش موثر تک‌تک مردم برای ساخت ایرانی آزاد است. آگاه‌سازی مردم و تلاش برای منسوخ‌کردن فرهنگ بت‌سازی از یک فرد (رهبر) به عنوان ناجی باید در صدر برنامه‌ریزی‌ها و اعلان‌های عمومی قرارگیرد. این موضوع نیز مستلزم تفکّر و برنامه‌ریزی توسط گروه‌های فکری و مردمی است.

متاسفانه اغلب اوقات و به خصوص در چند سال اخیر، افراد نخبه، مردم‌دوست، آگاه، و اخلاق مدار در کشور به پست‌های کلیدی مدیریتی راه‌نیافته‌اند. در جریان و پس از تغییرات نیز اگرچه این گروه عمدتاً هدف‌شان خدمت به مردم است، چون احتمال دستیابی به این هدف را با توجه به موانع بسیار زیادی که بر سر راه‌شان قرار خواهد گرفت، کم می‌بینند، معمولاً داوطلب

پذیرش چنین پست‌هایی نیستند. این در حالی‌ست که کشور به نیروی فکری و از همه مهم‌تر به چنین نیروهای خالصی که تعدادشان بسیار اندک است، به شدت نیازمند است. مدیریت کشوری که بیش از چهاردهه رو به افول بوده، کار بسیار دشواری‌ست که نیازمند همفکری و همکاری همه‌جانبه مردم و گروه‌های فکری و مردمی است. بنابراین یافتن، جذب، تشویق و حفظ موثر این عـده به همکاری و همفکــری باید در صدر برنامه‌ریزی‌های سرمایه انسانی قرار گیـرد. حفظ سرمایه‌های انسانی نه تنها برای آینده تغییرات ضروری می‌باشد، بلکه داشتن برنامه و اعلام عمومی آن، روند تغییرات را نیز سریع‌تر می‌کند.

REFERENCES

- Caves, R. W. (2004). Encyclopedia of the City. Routledge. pp. 362. ISBN 9780415252256.
- Chambers, Elizabeth G; Foulon, Mark; Handfield-Jones, Helen; Hankin, Steven M; Michaels, Edward G, III (1998) The McKinsey Quarterly; New York Iss. 3, (1998): 44-57. Gendron, Bénédicte (December 2004). "Why emotional capital matters in education and in labour? Toward an Optimal exploitation of human capital and knowledge management".
- Mohammad Pasban, Sadegheh Hosseinzadeh Nojedeh (2016) "A Review of the Role of Human Capital in the Organization" Procedia (vol 230 September 2016 249-53)

جنبش زن، زندگی، آزادی:

آنچه تا کنون آموختیم

مردم ایران از انقلاب مشروطه در اوایل قرن بیستم برای حقوق مدنی خود تاکنون در تلاش بوده‌اند. در جنبش زن، زندگی، جوانان، زنان، مردان و بقیهٔ بخش‌های جامعه به شجاعت و خلاقیت به چالش قدرت در سراسر کشور پاسخ دادند. آنهاتغییرات قابل‌توجهی در حوزه‌های سیاسی، اقتصادی و اجتماعی را مطالبه کردند. رژیم برای چنین مطالبات اجتماعی و تظاهرات خیابانی آماده نبود؛ با این وجود حاضر نشد به هیچ شکلی تسلیم شود. این واقعاً یک حرکت از پایین به بالا بود که از سال‌های دور در برابر رژیم در حال شکل‌گیری بود. مرگ مهسا امینی مانند آتش‌سوزی بود که در هر جنبه‌ای از رژیم آتش می‌زد. رژیم با چالش‌هایی در خیابان‌ها، زندان‌ها، دانشگاه‌ها و دبیرستان‌ها در سراسر کشور مواجه شد. علاوه بر این، مخالفت با رژیم از سوی مردم، باعث تحریک ایرانیان مهاجر در سراسر جهان شد و آنها را به برگزاری تظاهرات‌های کوچک و بزرگ و فعالیت‌های قابل‌تحسین دیگر وا داشت.

جنبش اخیر در ایران، هسته اصلی رژیم و بسیاری از تابوهای مذهبی گذشته را متزلزل ساخته است. یک باور قوی برای تغییرات سیاسی، اقتصادی و اجتماعی واقعی در حال تکامل است. این جنبش تفاوت بنیادی باحرکت‌های اعتراضی پیشین بعد از انقلاب داشت. عمده معترضان در

جنبش اخیر، خواستار عبور از نظام، برقراری نظامی دموکراتیک و جدایی دین از سیاست بودند. مبارزات زنان در طول تاریخ، به‌ویژه در چهل و چهار سال گذشته، منجر به جنبشی شده است که به‌وسیله زنان هدایت می‌شود و با حمایت و فداکاری همتایان مرد خود در زندان‌ها و در خیابان‌ها همراه است. حرکت در ایران منجر به تحریک یک بخش بزرگ از ایرانیان خارج از کشور شد تا با همراهی با حرکت در داخل ایران، سازماندهی و تجمع کنند. تخمین‌زده می‌شود که ۸ تا ۱۰ میلیون ایرانی خارج از ایران وجود دارند که حدود ۱۰٪ جمعیت کل ایرانیان را تشکیل می‌دهند. آنها تظاهرات گسترده‌ای را در بیشتر کشورهای غربی سازماندهی کردند. به‌عنوان مثال، در برلین، لندن، تورنتو، نیویورک، لس‌آنجلس و واشنگتن دی.سی، تظاهرات بزرگ و سازمان‌یافته‌ای برگزار شد.

بازیگران اصلی در این مبارزه عبارتند از:

۱. **رژیم** - به دلیل طبیعت آن، قابل پیش‌بینی بود که از نیروی خود برای سرکوب حرکت استفاده خواهد کرد. این رژیم بیش از ۱۵۰۰ نفر را اعدام کرد، کشت و نابینا کرد. بر اساس برخی تخمین‌ها، در مراحل ابتدایی حرکت بیش از ۲۰,۰۰۰ نفر را بازداشت کرده‌اند و بیشتر آنها در زندان‌های مختلف در سراسر کشور شکنجه می‌شوند. این سیاست رژیم از زمان به‌وجودآمدنش بوده است. با این حال، رژیم هرگز با یک مخالفت قوی و قابل اجرا از سراسر کشور از سوی بسیاری از بخش‌های جامعه روبه‌رو نشده بود. بیشتر شهروندان خواهان تغییر کل سیستم، ارزش‌ها و سیاست‌های آن بودند.

با گذر زمان، رژیم شروع به سازماندهی خود و تعقیب رهبران حرکت در هر کناری که می‌توانست کنترل کند، کرد. درحالی‌که رژیم با چالش‌های متعدد اقتصادی، اجتماعی و بین‌المللی مواجه است، با این همه تمرکز خود را بر بقای خود گذاشته و خود را برای حفظ قدرت آماده کرده است. فرض باید این باشد که تغییر این رژیم بسیار دشوار است. کافی است به سلاح‌ها و

سازمان‌های وابسته به آن در منطقه خاورمیانه نگاه کنید. بنابراین، برای رقابت موفقیت‌آمیز با این رژیم، نیاز به سازمان‌دهی و رهبری بهتری است. توسعه سازمان‌های کارآمد، قابل‌اجرا و دوام‌پذیر برای واژگون‌کردن رژیم و پس از آن، ضرورت دارد. فرض‌کردن این‌که بریدن مردم از نظام باعث سقوط آن خواهد شد، بزرگترین اشتباه است. این شرطی لازم ولی کافی نیست.

۲. **مخالفان داخل ایران:** رهبران داخلی در زندان‌ها و خارج از آن به‌صورت آشکار و شجاعانه در هر فرصت با رژیم به مبارزه می‌پردازند. آنها مواضع خود رابیان‌کرده و خواسته‌های خود را به نمایش می‌گذارند. بیشتر مخالفان، اگرچه همه نه، برای تغییرات اساسی درخواست دارند و اکثریت مردم ایران علاقه به تغییر رژیم دارند. به عنوان مثال، نرگس محمدی، سپیده قلیان و سایر زندانیان سیاسی به‌صورت فعال، رژیم را از داخل زندان به چالش می‌کشند. فعالان و به‌ویژه زنان با هر وسیله‌ای در خیابان‌ها در هر گوشه از ایران با ستون‌های رژیم مبارزه می‌کنند. آنها نشاط، استعداد، ایمان و شجاعت را نشان می‌دهند؛ در عین این‌که بهای زیادی را از طریق این مبارزات پرداخت می‌کنند. کسانی که در زندان هستند مانند نرگس محمدی، نسرین ستوده، سپیده رشنو و بسیاری دیگرنشان می‌دهند که توانایی رهبری را دارند. برای فعال‌بودن و حفاظت از مخالفت داخل زندان، جامعه ایرانیان باید همراهی خود را برجسته کرده و شرایط بحرانی ایران را به جوامع بین‌المللی اعلام کنند. هر چند به‌علّت سرکوب وسیع در داخل کشور، قدرت‌نمایی مخالفان در داخل کشور با محدودیت‌هایی همراه است.

۳. **مخالفان خارج کشور:** یک بخش بزرگ از مهاجران ایرانی برای اولین بار از انقلاب۱۹۷۹ به‌صورت فعال مشغول به‌فعالیت شدند. از طریق این فعالیت‌ها، بیشتر مهاجران ایرانی عشق، و افتخار خود را نسبت به میهن خود نشان دادند وبه‌صورت فعال در آموزش دیگرانی که ایرانی هستند، مشغول به‌فعالیت شدند. آنها توانستند حمایت از شهروندان از گوشه‌های

مختلف جهان را برای جنبش «زن،زندگی، آزادی» به دست آورند. در این روند، بسیاری از سیاست‌گذاران کشورهای غربی به پشتیبانان مخالفان نظام پیوستند. متأسفانه، این فعالیت‌ها به سازمان‌دهی قابل اجرا و مداوم منجر نشدند.

مخالفان به‌ویژه در خارج از ایران باید شرایط جهانی را نیز در نظر داشته باشند. مشارکت جمهوری اسلامی در جنگ اوکراین و جدال حماس و اسراییل می‌تواند به توجه دول غربی به مخالفان رژیم منجر شود، به‌ویژه اگر آنان با سازماندهی بتوانند خود را به‌عنوان جایگزینی مقتدر برای نظام فعلی در ایران مطرح کنند. بسیاری از ایرانیان امیدوار بودند که تیم هفت نفره‌ی قرارداد قادر به ارائه رهبری برای بخش‌های مخالف خارج از کشور خواهد بود.

چه کارهایی لازم است انجام شود؟

۱. **رهبری:**

دوران انتقالی نیاز به رهبر یا رهبران ثابت، کارآزموده و متعهد دارد. این یک موقعیت در حال تکامل است که نیاز به آزمایش مواضع، استراتژی و اقدامات خود در طول زمان دارد. رهبری باید توانایی جلب حمایت برای ایده‌ها، باورها، مواضع و شخصیت خود را داشته باشد. ما با استفاده از برخی تجربیات فرهنگی گذشته و افکار نوین که منعکس‌کننده تولدی دوباره است، راهکار سازمانی زیر را پیشنهادمی‌کنیم و دیدگاه‌های خود را در مورد ساختار رهبری مناسب توضیح می‌دهیم:

۱- یک تیم رهبری که نمایندگی بخش متنوع و گسترده‌تر جامعه را دارد، برای این عصر مورد نیاز است. این خصلتِ مردم ایران و گروه‌های اپوزیسیون است که می‌تواند تعداد بیشتری از مردم را به مشارکت فعال فراخواند. رهبر یا رهبری گروهی می‌تواند ایده‌ها، استراتژی‌ها و تاکتیک‌های بهتری را در مقایسه با یک فرد توسعه دهد.

۲- به یک تیم رهبری بر خلاف تجربه تاریخ گذشته ایران که مردم انتظار داشتند که فردی آنها را نجات داده یا هدایت کند، احتیاج است. عده‌ی قابل توجه‌ای هستند که با توجه به تجربه‌ی خمینی به یک نفر اعتماد ندارند، بنابراین جداشدن از آن تاریخ فرهنگی گذشته لازم است. باتوجه به اینکه جنبش کنونی یک نوزایش در ایران است، بالقوه اثرات خارجی مثبتی در دیگر کشورهای اسلامی خواهد داشت که به‌معنای تغییرات اساسی و گسست از گذشته است که از ویژگی‌های یک رنسانس به حساب می‌آید.

۳- به‌عنوان پیشگامان تغییر، زنان نقشی منحصربه فرد، قدرتمند و پیشرو در تحولات سیاسی، اقتصادی و اجتماعی ایران دارند. علاوه براین، روزانه کمک‌ها و فداکاری‌های قابل‌توجهی توسط اکثر ایرانیان انجام می‌شود. مشارکت‌های شجاعانه بسیاری از مخالفان (نسرین ستوده، نرگس محمدی، جعفر پناهی، فرهاد میثمی و غیره) در مبارزه، نشان‌دهنده طیف وسیعی از افراد بااستعداد است که آماده هستند تا به سمت تولد دوبارهٔ ایران هدایت شوند. در بین بیش از ۸ میلیون ایرانی از خارج ایران که آماده خدمت هستند، رهبران و متخصصان توانمند و شایسته‌ی بسیاری وجود دارند.

۴- یک تیم رهبری متشکل از هفت یا نه نفر، اندازه مناسبی برای تیم رهبری خواهد بود. تیم باید در تصمیم‌گیری، متحد و کارآمد باشد. هر چندکه به‌نظر می‌رسد، ضروری است که اکثر اعضای تیم رهبری زن باشند. در تولد دوبارهٔ ایران، زنان دارای پتانسیل بالاتر برای رواداری هستند که منجر به موفقیت خواهد شد. در تاریخ اخیر، عمکرد رهبران زن (مانند آنگلا مرکل، صدراعظم آلمان، کریستینا فرناندز دیکرشنر، رئیس جمهور آرژانتین، جولیا گیلارد، نخست‌وزیر استرالیا، تارجا هالونن، رئیس جمهور فنلاند و غیره) در کشورهای دموکراتیک نشان داده است که رهبران زن بسیار موفق عمل‌کرده‌اند. آن رهبران نشان داده‌اند که چگونه به طور موثر رهبری می‌کنند.

۲. سازمان:

به طور کلی، سازمان‌دهی سازمان‌های مخالف در برابر دولت‌های دیکتاتوری بسیار دشوار است، به‌ویژه در برابر یک حکومت سرکوبگر. از دیدگاه چنین رژیم هایی، مخالفان باید از بین بروند. این از زمان به‌قدرت‌رسیدن رژیم بخشی از عملکرد آنها بوده است.

هرچند که مخالفان امیدوار هستند و تمایل به فداکاری دارند، اما پراکنده، بی‌سازمان از نظر نحوه مدیریت و سازمان‌دهی هستند. بنابراین، بزرگترین چالش برای مخالفان این است که بتوانند سازمان‌هایی قابلیت‌دار، حرفه‌ای و دوام‌پذیر بسازند. ایجاد یک سازمان، به‌عنوان چتری بزرگ از همکاری و هماهنگی بین سازمان‌های کوچک نتیجه خواهد داد. بنابراین، ایجاد سازمان‌های کوچک و موثر در داخل و خارج از ایران گام اول و لازم است. البته، ایجاد سازمان در داخل ایران با خارج از آن به شدت متفاوت است. در داخل کشور، سازمان‌ها باید به گونه‌ای عمل کنند که به حفاظت از رهبری واعضای خود منجر شوند و در عین حال، چابک و موثر باشند.

با این حال، در خارج از کشور به دلیل محیط دموکراتیک و در نتیجه شفافیت، ادارهٔ امور متفاوت است. بنابراین، ایجاد تعداد کمتری از سازمان‌ها بر پایه پلتفرم هماهنگ موردنیاز است. یکی از اهداف سازمان‌های کوچک باید یافتن سازمان‌های دیگر با پلتفرم‌های کمی مشابه باشد و سپس ادغام‌شدن و ادامه به حرفه‌ای‌کردن سازمان با هدف، اهداف، بخش‌ها و مسئولیت‌های تخصیص‌یافته. اینها پایه‌های ساخت احزاب سیاسی مدرن هستند که در ساخت یک دموکراسی قابل اجرا نقش دارند.

اخیراً رسانه‌های خبری حرفه‌ای و پایدار (مانند ایران اینترنشنال) با گستره‌ی دسترسی وسیع در داخل و خارج از کشور ظاهر شده‌اند که اطلاعات را به اشتراک می‌گذارند و عموم مردم را آگاه می‌کنند. این رسانه‌های خبری به محملی برای رسانه‌های اجتماعی تبدیل شده‌اند تا شهروندان را از شکست‌ها و پیشرفت‌های مخالفان رژیم مطلع سازند. باوجود کنترل

سنگین و محدودیت‌های اینترنت در داخل ایران، شهروندان از این وسایل ارتباطی برای ارتباط با یکدیگر استفاده می‌کنند.»

برنامهٔ عمل احتمالی برای ایرانیان خارج از کشور:

سازمان‌ها و اشخاص ایرانی دارای سه مسئولیت اساسی هستند. در اصل مسئولیت آنان این است که در هر گوشه‌ای با حفظ و گسترش جنبش، به مقابله با رژیم مشغول باشند.

الف. صداهای ایرانیان در داخل کشور، به‌ویژه زندانیان سیاسی، باشند و به‌دنبال آزادی آنها بروند.

ب. شهروندان و سیاست‌گذاران کشورهای غربی را از اتفاقات ایران و دلایلی که این رژیم باید برود، آگاه کنند. بنابراین، آنها باید به خواسته‌های مردم ایران پاسخ دهند.

ج. سازمان خود را برای اثربخشی و دوام تقویت کنند.

شاید مناسب باشد که درس‌هایی از انجمن‌های ایرانی در اروپا و ایالات متحده در دهه‌ی ۱۹۷۰ در برابر رژیم شاه بیاموزیم. آنها توانستند به صورت مکرر و موثر، تظاهرات و رویدادهای دیگر را سازماندهی و تشویق کنند. اعضای این انجمن‌ها، عمدتاً دانشجویان با امکانات مالی محدود بودند.

در این دوره، بیشتر ایرانیان مهاجر حرفه‌ای، مرفه‌تر و نسبتاً سالم‌تر هستند، تعدادشان حدود ۸ میلیون نفر است که در مقایسه با تعداد مهاجران در دهه ۱۹۷۰ بسیار چشمگیر است. بنابراین، سازماندهی مهاجران فعلی برای برگزاری بسیاری از رویدادها ممکن است دشوار باشد؛ این به معنای برگزاری رویدادهای بزرگ در شهرهای بزرگ برای مناسبت‌های مهم خواهد بود. با این حال، آنها توانایی‌های فکری، وسایل مالی و شبکه‌های قابل استفاده برای توسعه سازمان‌های قابل اجرا را به نحوی گسترده در اختیار دارند.

نمونه‌هایی از فعالیت‌های بالقوه:

۱. تشویق به تهیه پیش‌نویس راه‌حل‌های علمی برای بسیاری از چالش‌هایی که ایران با آن مواجه است. پیشرفت‌های بسیار خوبی در این زمینه‌ها وجود دارد. سعی کنید دیدگاه‌ها و راه‌حل‌های خود را به‌عنوان سازمان‌هایی با مشورت‌های داخلی خوب و اشتراک‌گذاری بیرونی همگرا کنید.

۲. سازماندهی رویدادهای مسالمت‌آمیز و قانونی با و حول‌وحوش ۲۳ مارس ۲۰۲۴، جشن سال نو ایرانی در نیویورک. پایان رژیم فعلی را برجسته کنید و از رژیم دموکراتیک جدید استقبال کنید. کنسرت‌هایی را در پارک مرکزی سازماندهی کنید و برای خانواده کسانی که در سال ۱۴۰۱ کشته شده‌اند، کمک مالی جمع‌آوری کنید و از مخالفان داخلی حمایت کنید.

۳. برنامه‌ریزی تظاهرات بزرگ و مسالمت‌آمیز برای سالگرد مهسا امینی، سپتامبر ۲۰۲۴، در چند شهر بزرگ (مانند نیویورک، لس‌آنجلس، واشنگتن دی‌سی، تورنتو، برلین، لندن، و غیره).

۴. برنامه‌ریزی تظاهرات بزرگ و مسالمت‌آمیز برای اکتبر ۲۰۲۴ که علیه رهبری رژیم در نیویورک خواهد بود. نیویورک را به محیطی چالش‌برانگیز برای نمایندگان رژیم تبدیل کنید.

۵. استفاده از بیانیه، شب نامه و دادخواست (petition)، روزنامه‌های زیرزمینی، شعارنویسی، راه‌پیمایی سکوت و غیره.

۶. اعتصابات کاری، دانشجویی، تحریم مناسک اجتماعی یا ورزشی

۷. تحریم مغازه‌ها و یا موسسات مالی و کالاها

۸. ایجاد راه‌بندان

۹. عدم پرداخت مالیات

۱۰. خارج‌کردن پول از بانک‌ها و موسسات مالی و اعتباری

۱۱. سخنرانی‌های اعتراضی

۱۲. تحریم انتخابات

۱۳. نافرمانی‌های مدنی

۱۴. اعتصاب غذا
۱۵. بست نشستن
۱۶. اختلال در سیستم‌های اجرایی و کامپیوتری
۱۷. ایجاد کارزارهای مختلف در فضای مجازی
۱۸. طراحی شعارهای جذاب توسط هنرمندان و موسیقیدانان
۱۹. ایجاد موسسات موازی با رادیو و تلویزیون و غیره
۲۰. اختلال در سیستم‌های اطلاعاتی و خدمات رسانی

نتیجه‌گیری:

بهتر است بی‌رحمی و مقاومت این رژیم را دست بالا بگیریم. بنابراین ایجاد مؤثرترین و سازمان‌یافته‌ترین سازمان‌ها برای حال و آینده موردنیاز است. در این مرحله، مخالفان در بهترین موقعیت برای قراردادن رژیم در حالت دفاعی با حفظ و رشد جنبش «زنان، زندگی وآزادی» به ویژه در خارج از کشور هستند.

REFERENCES

- Iran Open Data Center (2023) Poll: 47% of Iranians Have Been Detained for Political Reasons July 20, 2023   https://iranopendata.org/en/article/poll-47-of-iranians-have-been-detained-for-political-reasons/
- Zeidan, Adam (ND) "Women, Life, Freedom" Encyclopedia Brittanica (website Woman, Life, Freedom | Iran, Movement, History, & Jina Mahsa Amini | Britannica).

بخش دوم

مبارزه مدنی

جنبش مدنی؛
آنچه همگان باید بدانند

جنبش مدنی نوعی مبارزه است که طی آن افراد با استفاده از روش‌های بدون خشونت نظیر اعتصاب، تحریم، بست‌نشینی، عدم همکاری و غیره، درصدد کسب قدرت و ایجاد تغییر برمی‌آیند. در این روش، مردم قدرت جمعی خود را به نمایش می‌گذارند، جنبش‌های مدنی به دلایل مختلف چون بی‌عدالتی سرکوب و غیره آغاز می‌گردد.

جنبش مدنی چگونه باعث تغییرات می‌شود؟

با نظریه مشروعیت، تغییرات حاصل از جنبش مدنی قابل توجیه است.
این نظریه بر سه اصل استوار است:

۱. قدرت، حاصل مشروعیت است نه اجبار.
۲. قدرت همیشگی نیست.
۳. هیچ سیستمی یکپارچه و همگون نیست.

نخست، نظام سیاسی بر اساس همکاری و اطاعت اختیاری است نه زور و اجبار. طرفداران نظام باید احساس کنند که اطاعت از نظام به نفع آنان است و این به نظام مشروعیت می‌بخشد. هرگاه طرفداران نظام احساس کنند که نظام شایسته‌ی قدرت نیست، تعداد زیادی از آنان دچار ریزش و عدم‌اطمینان به

نظام می‌شوند و از اطاعت آزادانه و داوطلبانه سر باز خواهند زد و حفظ نظام با مشکل مواجه خواهد شد. در این زمان اگر نظام تلاش کند به زور متوسل شود، دچار ضعف و تحلیل خواهد شد، زیرا همکاری اطاعت داوطلبانه طرفدارانش را از دست داده و با بحران مشروعیت مواجه می‌شود.

دوم، هیچ نظامی یکپارچه و همگون نیست. هر نظامی، هر چند سرکوبگر، از افراد و گروه‌های متفاوتی تشکیل شده است که به آن وفادار هستند؛ نظیر:

۱. نیروهای امنیتی از قبیل ارتش، پلیس، و نیروهای اطلاعاتی و نظامیان محلی
۲. نیروهای اقتصادی نظیر بانک‌ها، تجار بزرگ یا خرده موسسه‌های مالی و شرکت‌ها
۳. نیروهای اداری در بخش‌های اجرایی، قضایی یا قانونگذاری و موسسات دولتی یا خصوصی
۴. ارباب ارتباط جمعی نظیر رادیو، تلویزیون، روزنامه‌ها، تارنماها (وبسایت) و غیره
۵. نیروهای مذهبی
۶. موسسات آموزشی و تحقیقاتی نظیر دانشگاه‌ها، انجمن‌های دانش‌آموزی، دانشجویی و یا استادان
۷. شخصیت‌های فرهنگی، بازیگران، ورزشکاران و سلبریتی‌ها
۸. تشکل‌های حرفه‌ای نظیر کارگران، معلمان، پرستاران و اتحادیه‌ها
۹. انجمن‌های مدنی نظیر انجمن‌های حقوق مدنی، معلمان و غیره

هر نظامی برای حفظ مشروعیت و تداوم خود به همکاری و اطاعت افراد و طرفداران از گروه‌های مختلف جامعه نیاز دارد. وقتی که قاطبه مردم از پیروی از حاکمیت خودداری می‌کنند، زمینه برای تغییرات فراهم می‌شود، ولی این امر به تشکیل گروه‌های همفکر و برنامه‌ریزی نیاز دارد. ریزش در طرفداران نظام نیز از دیگر عوامل موثر در این تغییرات است. چند نمونه از راهکارهای ایجاد چنین تغییراتی عبارتند از:

۱. اعتصاب کارمندان و کارگران
۲. عدم فرمانبرداری مسئولین رده پایین از مسئولین رده‌های بالاتر

۳. عدم همکاری نیروهای امنیتی و پلیس با حاکمیت
۴. فشار اصحاب صنایع و تجار و موسسات مالی بر نظام

سوم، قدرت هیچگاه همیشگی نیست. هر نظامی باید به‌طور مرتب قدرت خود را با قراردادهای اجتماعی، عمل به وعده‌ها و شعارها بازسازی کند. قدرت باید مرتب مشروعیت خود را به مردم و طرفدارانش نشان دهد. جنبش مدنی باید به‌طور مشخص، مشروعیت حاکمیت را هدف قرار داده و نشان دهد که نظام دچار بحران مشروعیت شده است.

راهکارهای جنبش مدنی

وقتی صحبت از روش‌های جنبش مدنی می‌شود، عمدتاً اعتراضات و تظاهرات به فکر ما می‌آید، ولی این فقط آغاز راه است و روش‌های مختلف و متعددی برای پیشبرد جنبش مدنی وجود دارد. باید توجه داشت که به علت مشارکت افراد مختلف، با پیش‌زمینه‌های مختلف جنبش‌ها، از روش‌های ابتکاری خاص خود در پیشبرد جنبش استفاده می‌کنند. این خود یکی از مزیت‌های جنبش‌های مدنی است. جنبش باید در استفاده از روش‌های مختلف انعطاف‌پذیر باشد و گاه چند روش مختلف را با برنامه‌ریزی به‌طور همزمان اجرا کند. برخی از این روش‌ها عبارتند از:

۱. استفاده از بیانیه، شب‌نامه و دادخواست (petition)، روزنامه‌های زیرزمینی، شعارنویسی، راه‌پیمایی سکوت و غیره.
۲. اعتصابات کاری، دانشجویی، تحریم مناسبت‌های اجتماعی یا ورزشی
۳. تحریم مغازه‌ها و یا موسسات مالی و کالاها
۴. ایجاد راه‌بندان
۵. عدم پرداخت مالیات
۶. خارج کردن پول از بانک‌ها و موسسات مالی و اعتباری
۷. سخنرانی‌های اعتراضی
۸. تحریم انتخابات

۹. نافرمانی‌های مدنی
۱۰. اعتصاب غذا
۱۱. بست نشستن
۱۲. اختلال در سیستم‌های اجرایی و کامپیوتری
۱۳. ایجاد کارزارهای مختلف در فضای مجازی
۱۴. طراحی شعارهای جذاب توسط هنرمندان و موسیقیدانان
۱۵. ایجاد موسسات موازی نظیر رادیو و تلویزیون و غیره
۱۶. اختلال در سیستم‌های اطلاعاتی و خدمات رسانی

برنامه‌ریزی کاربردی برای جنبش مدنی

یکی از فاکتورهای مهم برای موفقیت هر جنبشی، برنامه‌ریزی و آماده‌سازی است. این امر نیازمند چند مرحله است:

۱. جمع‌آوری اطلاعات جهت شناخت و طرح مسئله و یا مشکل
۲. آموزش و آگاهی‌دهی، به حداقل‌رساندن شبهات جهت کسب حمایت و همدردی
۳. تعهد شخصی و جمعی به جنبش و به فلسفه و روش‌های مبارزه
۴. ایجاد زمینه‌ی بحث و تبادل نظر بین افراد
۵. عملگرایی با ایجاد بحث، تضاد، فشار افکار عمومی و فشارهای اخلاقی به نظام
۶. آشتی و پذیرش نیروهایی که از نظام بریده‌اند.

روش‌های جنبش مدنی باید بر اساس اصول زیر باشد:

۱. تاکید بر روش‌های خشونت‌پرهیز
۲. تاکید بر روش‌های فراگیر و تکثرگرا جهت جذب افراد
۳. استفاده از جنبش مدنی به عنوان آخرین راه، بعد از آن‌که راه‌های قانونی به نتیجه نرسیده است.
۴. تاکید بر راستی و حقانیت جنبش جهت مشروعیت بخشی به آن

چه عواملی باعث موفقیت جنبش‌های مدنی می‌شوند؟

با بررسی جنبش‌های مدنی مشخص‌شده است که چهار عامل باعث موفقیت جنبش‌های مدنی شده‌اند:

۱- مشارکت توده‌های مردم

یکی از مهم‌ترین عوامل موفقیت هر جنبش مدنی، گستردگی و تنوع افرادی است که در آن مشارکت دارند. مشارکت توده عظیمی از مردم باعث می‌شود که تداوم سرکوب با مشکل مواجه شود و این باعث ریزش نیروهای وفادار به نظام شده، در نهایت نظام را با بحران مشروعیت مواجه می‌سازد. این امر باعث می‌شود که بی‌تفاوتی نظام به خواست افکار عمومی غیرقابل تداوم شود. به علت آنکه جنبش مدنی نیاز به آموزش‌های طولانی و دوری از خانه و خانواده و استفاده از زور و خشونت ندارد، در نتیجه، افراد با توانایی‌های مختلف از جمله زنان، کودکان و افراد پیر نیز قادر به مشارکت در آن هستند.

۲- ریزش در طرفداران حاکمیت

جنبش مدنی باعث تغییرات از پایین شده، سیاست‌های نظام را مختل می‌سازد که خود باعث ریزش طرفداران نظام می‌گردد، چون ادامه‌ی وفاداری را به نفع خود نمی‌دانند. لازمه این امر، مشارکت اقشار مختلف جامعه نظیر زنان، جوانان، پیران، دانشجویان، کسبه و غیره در جنبش است، زیرا نیروهای سرکوبگر فرزندان و آشنایان خود را در میان معترضان می‌بینند. این امر به انزوای طرفداران نظام منجر شده و بحران مشروعیت حاکمیت را تشدید می‌کند. طرد و انزوای طرفداران نظام، منافع آنان را به خطر انداخته و به ریزش آنان منجر می‌گردد. نیاز به تایید جمعی و حفظ ارتباط با دوستان، بستگان و آحاد جامعه از دیگر عواملی است که در ریزش طرفداران نظام موثر است.

۳- استفاده از روش‌ها و راهکارهای مختلف و متنوع

جنبش‌های مدنی که از روش‌های مختلف در مبارزات خود استفاده می‌کنند، شانس موفقیت بیشتری دارند تا جنبش‌هایی که تنها از یک روش، نظیر تظاهرات استفاده می‌کنند. استفاده از روش‌های جدید و ابتکاری به تداوم و پویایی جنبش کمک کرده و از خستگی و دلسردی افرادی که در جنبش مشارکت دارند می‌کاهد. این امر همچنین به فشار مضاعف و ممتد بر حاکمیت منجر می‌شود.

۴- برنامه، نظم و انعطاف پذیری در مواجهه با سرکوب حاکمیت

جنبش باید در مواجهه با سرکوب حاکمیت براساس برنامه‌ریزی و نظم به کار خود ادامه دهد، انعطاف‌پذیر باشد و با شرایط مختلف در برنامه‌های خود تغییر ایجاد کند. لازمه این امر داشتن برنامه برای احتمال اتفاقات مختلف است، نظیر دستگیری رهبران جنبش و یا افراد زیادی از طرفداران آن. باید توجه داشت که موفقیت جنبش امری ناگهانی نیست، بلکه کاری است زمانبر که نیاز به تلاش و پشتکار و برنامه‌ریزی دارد. برای موفقیت جنبش نیاز به آموزش و برنامه‌ریزی است. جنبش باید در راه خود پشتکار و اتحاد و تداوم داشته باشد و از روش‌های ابتکاری برای تداوم جنبش استفاده کند.

نقش زنان در جنبش‌های مدنی

زنان در بسیاری از جنبش‌های مدنی در صف اول قراردارند. مشارکت آنان در جنبش‌های مدنی از عوامل مهم موفقیت است. پس از جنگ جهانی دوم، تعداد اندکی از جنبش‌هایی که زنان را حذف کردند، به موفقیت رسیده‌اند. مشارکت زنان به افزایش مشارکت افراد در جنبش منجر می‌گردد. زنان به علت نقش سنتی خود اطلاعات مفیدی در مورد تحریم کالاها و امکانات دارند و حتی می‌توانند از پسران و شوهران خود که شاید در نیروهای سرکوبگر باشند به جنبش، اطلاعات دهند. این مشارکت به ارائه روش‌های ابتکاری برای ادامه جنبش کمک می‌کند. مشارکت زنان منجر به افزایش مشروعیت جنبش

و افزایش مشارکت افراد جامعه می‌گردد. مشارکت زنان همچنین موجب احساس شرم در نیروهای سرکوبگر و ریزش طرفداران نظام می‌شود.

نقش جنبش مدنی در ریزش طرفداران نظام

هیچ قدرتی بدون طرفداران خود قادر به ادامهٔ حیات نخواهد بود. این طرفداران فقط نیروهای امنیتی و سرکوبگر نیستند، بلکه در رده‌های پایین تا بالای نظام نقش‌آفرینی می‌کنند، نظیر سربازان و پلیس، صاحبان مشاغل و بانک‌ها، کارگران، معلمان، وکلا، دیپلمات‌ها و غیره. جنبش‌ها باید تمامی این افراد را در رده‌های مختلف مورد هدف قرار دهند، چه به‌طور مستقیم یا غیرمستقیم، تا آنان را متقاعد سازند که ادامه وفاداری به نظام، دیگر به نفع آنان نیست. باید توجه داشت که بسیاری از این افراد لزوماً به ایدئولوژی نظام پای‌بند نیستند و منافع شخصی و خانوادگی برایشان مهم‌تر است؛ به‌عنوان مثال نیروهای امنیتی اگر افراد خانواده و گروه‌های نژادی یا اجتماعی وابسته به خود را در صف مخالفین ببینند، بیشتر احتمال دارد که دچار ریزش شوند، و یا اعتصابات و تحریم‌ها می‌توانند به اصحاب مشاغل و بانک‌ها آسیب زیادی زده، و آنان را دچار ریزش کنند.

لذا لازم است که برنامه‌ریزان جنبش، ستون‌های نظام را مورد ارزیابی و تحلیل قرار دهند، تا برای ریزش آنان راه‌های کاربردی خاصی ارائه دهند. افراد مختلف در هر یک از ستون‌های نظام منافع خاصی دارند که لزوماً با منافع افراد رده بالا یکسان نیست.

چطور می‌توان طرفداران جنبش را زیاد کرد؟

برای ازدیاد طرفداران جنبش باید از پیام‌ها و روش‌های متعددی استفاده کرد. افراد می‌توانند به دلایل مختلف به‌طور فعال و یا غیرفعال به جنبش بپیوندند، لذا لازم است که طیف طرفداران را مورد ارزیابی و تحلیل قرار داد. برای این کار افراد و آحاد جامعه به چند دسته تقسیم می‌شوند: مخالفین فعال جنبش، مخالفین غیرفعال، بی‌تفاوت‌ها، طرفداران فعال جنبش و طرفداران غیرفعال.

تحلیل‌گران جنبش باید هر یک از این گروه‌ها را ارزیابی کرده و برای جذب آنان راهکار ارائه دهند. به عنوان مثال باید دید که چطور می‌توان طرفداران غیرفعال یا به اصطلاح قشر خاکستری را به طرفداران فعال تبدیل کرد. برای این امر می‌توان از روش‌هایی نظیر آموزش و آگاهی دادن اعتراضات کم‌خطر، جمع‌آوری امضا بدون خروج از منزل و تمارض و غیره استفاده نمود.

نقش فضای مجازی و فن‌آوری‌ها در جنبش مدنی

فضای مجازی ابزار موثری در تسریع ارتباطات و هماهنگی بین اعضای جنبش و مردم است، ولی استفاده از آن مانند شمشیری دو لبه عمل می‌کند. جنبش در استفاده از این ابزارها باید به موارد زیر توجّه داشته‌باشد:

نخست: استفاده از ابزارهای فضای مجازی گاهاً به اشخاص این حس کاذب را می‌دهد که به‌طور مستقیم در جنبش درگیر هستند و شاید از مشارکت فعال آنان بکاهد.

دوم: فضای مجازی جای ایجاد ارتباطات، برنامه‌ریزی و ارائه روش‌های کاربردی را نمی‌گیرد، لذا جنبش‌ها نباید در دام وسوسه‌های فضای مجازی قرار گیرند؛ به‌گونه‌ای که این روش‌ها را به تاکتیک‌ها و روش‌های کاربردی ترجیح دهند.

سوم: عدم توجه در ساختن ساختارهای برنامه‌ریزی و صرف اصرار بر استفاده از فضای مجازی به گسترش جنبش آسیب می‌زند.

از طرف دیگر نظام‌های سرکوبگر نیز می‌توانند به علت امکانات وسیعی که در اختیار دارند از فضای مجازی به نفع خود استفاده کنند. به عنوان مثال، رژیم می‌تواند فضای مجازی را کاملاً مسدود نموده و یا اطلاعات غلط را پخش کند؛ به همین دلیل، جنبش نباید تنها به استفاده از فضای مجازی بسنده کند.

انواع ساختارهای برنامه‌ریزی برای جنبش مدنی

یکی از وجوه مهم این ساختار، مسئله رهبری است. رهبر یا رهبران باید:

۱. اهداف جنبش را به طرفداران منتقل کنند.

۲. هماهنگی‌های لازم را جهت عملی‌کردن راهکارها در جهت نیل به اهداف ارائه دهند.
۳. تصمیم‌هایی کاربردی اتخاذ نمایند.
۴. به گفت و گو و چانه زنی بپردازند.

باید توجه داشت که برخی جنبش‌ها بدون رهبری هستند. این روش باعث می‌شود که نظام نتواند رهبران جنبش را بازداشت کند تا جنبش را از حرکت باز دارد، ولی جنبش‌های بدون رهبری در دراز مدت ممکن است با مشکل‌های کاربردی مواجه شوند. جنبش‌های بدون رهبر در ایجاد روابط اجتماعی و تصمیم‌گیری‌های کاربردی و چانه‌زنی‌ها در دراز مدت با مشکل مواجه خواهند شد. این بدین معنا نیست که لزوماً جنبش به یک رهبر کاریزماتیک نیاز دارد، ولی هر جنبش مدنی نیازمند به رهبر یا رهبرانی است که به‌طور فعال در سازماندهی، برنامه‌ریزی و تصمیمات راهبردی مشارکت داشته باشند.

آیا جنبش‌های مدنی در جوامع غیردموکراتیک نیز موثر بوده‌اند؟

مطالعات نشان می‌دهد که بعد از جنگ جهانی دوم، در بیش از ۱۰۰ جنبش مدنی، تنها ۲۵٪ آنها در جوامع دموکراتیک بوده‌اند. باید توجه داشت که جنبش مدنی در حکومت‌های جبار که مشروعیت خود را از دست داده‌اند، به مرور زمان قابل شکل‌گیری است. هرچه تداوم حکومت سرکوبگر به درازا بکشد، شهروندان به تدریج به آن به چشم دشمنی می نگرند که باید از آن رهایی یابند، هرچند که بر سر جایگزین آن اختلاف نظر داشته باشند. در جوامع دموکراتیک روش‌های دیگری چون انتخابات وجود دارد تا بتوان به تغییرات دست یافت. جنبش‌های مدنی در جوامع مختلف با فرهنگ مختلف از آسیای جنوب شرقی، خاورمیانه، اروپا، و آمریکای لاتین موفق بوده است.

راهکارهای جنبش مدنی در مواجهه با خشونت نیروهای سرکوبگر

خشونت نیروهای سرکوبگر اغلب نتیجه معکوس دارد و موجب حقانیت جنبش مدنی می‌گردد. با وجود آن، جنبش باید برای خشونت نیروهای

سرکوبگر برنامه‌ریزی داشته باشد تا از ترس و وحشت افراد خود و صدمه آنان بکاهد. جنبش باید با آموزش و آگاهی‌دادن، افراد را از لحاظ جسمی و روانی آماده کند. لازم است افراد برای کمک‌های اولیه آموزش ببینند. افراد باید آموزش‌های اولیه جهت مواجهه با گاز اشک‌آور، گلوله‌های مشقی و یا شلنگ آب آتش‌نشانی را دیده باشند. برای غلبه بر ترس می‌توان از رقص، موسیقی و اجراهای خیابانی استفاده کرد. راه و روش‌های مختلف فرار باید مد نظر باشد که در صورت اعمال خشونت از آن بهره جست. افراد بهتر است بطری آب، روسری، و جعبه کمک‌های اولیه جهت شست و شوی چشم‌ها در صورت مواجهه با گاز اشک‌آور و یا درمان زخم‌های سطحی به همراه داشته باشند. استفاده از ماسک چهره، خطر مواجهه با گاز اشک‌آور می‌کاهد. مطالعات نشان داده است که افراد در جمع، احساس امنیت بیشتری می‌کنند و آموزش و آمادگی قبلی، اعتماد به نفس افراد را در مواجهه با خطرات احتمالی افزایش می‌دهد.

کارنامه جنبش‌های مدنی در یکصد سال اخیر

دکتر «اریکا چنووت» -استاد علوم سیاسی دانشگاه هاروارد- در کتاب اخیر خود تحت عنوان «جنبش‌های مدنی» به ارزیابی کارنامهٔ جنبش‌های مدنی در یکصد سال اخیر پرداخته است. تحقیقات وی که خلاصه آن در این کتاب آمده است، نشان می‌دهد که موثرترین روش برای تغییرات سیاسی و اجتماعی، جنبش یامقاومت مدنی‌است. او به‌ویژه، تاثیر جنبش‌های مدنی با جنبش‌های خشونت‌آمیز را در یکصد سال اخیر مقایسه کرده است.

تحقیقات دکتر چنووت نشان می‌دهد در ۶۲۷ جنبش از سال ۱۹۰۰ تا ۲۰۱۶، میزان موفقیت جنبش مدنی دو برابر جنبش‌های خشونت‌آمیز بوده‌است. به‌ویژه در ۵۰ سال اخیر، میزان جنبش‌های مدنی و موفقیت آنان در مقایسه با جنبش‌های خشونت‌آمیز رو به افزایش است.

سئوال مهمی که وی به دنبال پاسخ آن است، علت این پدیده است. علت

اصلی این پدیده، قدرت مردم است. مطالعات وی نشان می‌دهد که هیچ جنبش مدنی‌ای که حداقل ۳٫۵ درصد افراد جامعه در آن شرکت کرده‌اند با شکست مواجه نشده است. میزان مشارکت مردمی در جنبش‌های مدنی چهار برابر جنبش‌های خشونت‌آمیز یا مسلحانه بوده است.

جالب اینکه مشارکت مردمی در جنبش‌های مدنی با همکاری طیف وسیع و گسترده‌تری از افراد جامعه از لحاظ جنس، سن، جنسیت، نژاد و تفاوت‌های دیدگاه‌های سیاسی و اجتماعی همراه بوده است.

نکته جالب دیگر این کتاب آن است که جنبش‌های مدنی در تثبیت صلح و دموکراسی از جنبش‌های خشونت‌آمیز بسیار موفق‌تر بوده‌اند و در مقایسه با جنبش‌های خشونت‌آمیز، احتمال جنگ داخلی را به مراتب کمتر کرده‌اند. این کتاب نشان می‌دهد که موفقیت جنبش‌های مدنی به چهار عامل اصلی بستگی دارد. عامل نخست، تعداد افراد شرکت‌کننده در جنبش است. جنبش‌های مدنی با همکاری طیف وسیعی از افراد جامعه از لحاظ سن، جنس، قومیت و تفاوت‌های اجتماعی و سیاسی همراه بوده‌اند. این تفاوت‌ها منجر به قدرت اجتماعی جنبش شده است، به طوری که باعث ریزش در افراد گروه مخالف و طبقه حاکم به‌ویژه نیروهای امنیتی می‌شود.

به عنوان مثال در جریان انقلاب ایران و یا جنبش مدنی در صربستان، بسیاری از نیروهای امنیتی حاضر به اجرای دستورات مافوق در شلیک به مردم نشدند، چون افراد خانواده و فرزندان خودشان را در میان مردم دیدند و این عامل دوم موفقیت جنبش‌های مدنی است، یعنی ریزش در افراد گروه مخالف. عامل سوم ابتکار در روش‌های مبارزه است. به علت تفاوت‌های موجود میان افراد در جنبش مدنی این جنبش‌ها به ابتکار عمل برای موفقیت نیاز دارد. به عنوان مثال، گاه تنها تظاهرات روزانه موثر نیست. نوآوری‌هایی نظیر نافرمانی مدنی یا بایکوت اقتصادی به موفقیت جنبش‌های مدنی کمک کرده است. عامل چهارم، نظم و برنامه است.

جنبش‌های مدنی که با وجود چالش‌های متعدد به هدف خود وفادار

بوده و با پشتکار و تمرکز راهکارهای جدیدی را در طول زمان مقاومت خود ابداع‌کرده‌اند با موفقیت‌های بیشتری همراه بوده‌اند. اما هر جنبشی با وجود داشتن هر چهار عامل به سازماندهی و رهبری برای موفقیت نیز نیاز دارد.

نتیجه‌گیری:

۱. جنبش مدنی روشی عملی و موثر در دستیابی به تغییرات اجتماعی است. جنبش مدنی لزوماً به معنی خوب یا اخلاقی بودن نیست، بلکه نوعی مبارزه است بر اساس روش‌های خشونت‌پرهیز.
۲. جنبش مدنی در صدد تسلط بر قلوب طرفداران حکومت نیست، بلکه در تلاش برای ریزش آنان و بریدنشان از حاکمیت است.
۳. جنبش مدنی چیزی بیش از اعتراض است و از روش‌هایی چون نافرمانی مدنی، اعتصاب، تحریم‌های گروه‌های اقتصادی، سیاسی و غیره استفاده می‌کنند.
۴. هرچند جنبش‌های مدنی همیشه موفق نیستند، ولی میزان موفقیت آنان از روش‌های دیگر نظیر جنبش‌های مسلحانه بیشتر است.
۵. جنبش‌های مدنی در ۱۰۰ سال گذشته به مراتب از جنبش‌های مسلحانه در ایجاد تغییرات دموکراتیک بدون بحران‌های انسانی موفق‌تر بوده‌اند.

REFERENCES

- Chenoweth, Erica (2021) Civil Resistance: What Everyone Needs to Know. (N.Y.: Oxford University Press).
- Chenoweth, Erica; Stephan, Maria J. (2011), Why Civil Resistance Works: The Strategic Logic of Nonviolent Conflict, (New York: Columbia University Press).
- Sharp. Gene. 198 Methods of Nonviolent Action. Archived January 15, 2023, at the Wayback Machine Boston: Albert Einstein Institution, 1973.
- Sharp, Gene. How Nonviolent Struggle Works Archived November 29, 2022, at the Wayback Machine, with Jaime Gonzalez Bernal. Boston: Albert Einstein Institution, 2013
- Sharp, Gene. From Dictatorship to Democracy: A conceptual framework for liberation (see article). Boston: Albert Einstein Institution, 2003.

سازماندهی و رهبری جنبش مدنی

«جنبش مدنی» نوعی از مبارزه است که در جریان آن، افراد با روش‌های خشونت‌پرهیز در صدد کسب قدرت و ایجاد تغییرات اجتماعی و مدنی بر می‌آیند. هر جنبشی نیازمند به تشکیلات، سازماندهی و رهبری برای موفقیت است.

رهبری

نقش رهبری در جنبش‌های مدنی عبارت از: تبیین بینش و اهداف جنبش، ایجاد انگیزه، تلاش برای فراهم آوردن فرصت‌ها، ارائه راهکارها و تصمیم‌گیری در جهت نقشه راه برای موفقیت جنبش.

رهبری جنبش نه تنها باید اهداف خود را برای افراد داخل جنبش تبیین کند، بلکه با ارائه آنها به افراد خارج از جنبش، در صدد جلب آنها نیز برآید تا به گسترش جنبش کمک کند. رهبری جنبش باید از قدرت تحلیل بالایی برخوردار باشد تا بتواند اهداف جنبش را با افراد مختلف و با زمینه‌های متفاوت در سطح جامعه مطرح سازد، پس داشتن تیم رهبری برای جنبش مناسب‌تر است. تنوع افراد در رهبری می‌تواند به ارائه راهکارهای متفاوت و ابتکاری در جهت جذب بیشتر افکار جامعه برای همراهی با جنبش کمک کند.

رهبری جنبش باید با تبیین راهکارها و چهارچوب فعالیت، به جنبش هویت و حقانیت (مشروعیت) ببخشد. برای این امر، رهبری جنبش باید بتواند از تجارب دیگران، سنت‌های ملی، فرهنگی، مذهبی و عناصر مختلف اجتماعی استفاده کند. رهبری جنبش در انتقال اهداف جنبش به جامعه با ارائه راهکارها و تصمیم‌گیری‌ها، نقش مهمی ایفا می‌کند.

رهبری جنبش به سه گروه تقسیم می‌شود:
اول، رهبرانی که در رأس هرم جنبش هستند.
دوم، رهبران رده دوم که با گروه‌ها و تیم‌های مختلف در ارتباط هستند و پیام و اهداف جنبش را به آنها منتقل می‌کنند.
سوم، رهبرانی که نقش پل ارتباطی با فعالان جنبش را بازی می‌کنند. این رهبران با جلب مشارکت اقشار مختلف جامعه، به گسترش جنبش و پیام آن کمک می‌کنند. باید توجه داشت، جنبش زمانی به موفقیت نزدیک می‌شود که رهبرانی با زمینه‌های متفاوت داشته باشد تا بتواند اقشار مختلف جامعه را مخاطب خود قرار داده و آنها را با جنبش همراه سازند. این تنوع در رهبران منجر به ایجاد ابتکار در پیام‌ها و راهکارها و در نتیجه موفقیت جنبش خواهدشد.

سازماندهی و تشکیلات جنبش

یکی از عوامل موفقیت هر جنبش مدنی، داشتن تشکیلات و سازماندهی است. رهبری جنبش در ایجاد تشکیلات جهت سازماندهی و به وجود آوردن زیرساخت‌های لازم، جهت کار جنبش نقش مهمی را ایفا می‌کند. تشکیلات هر جنبش باید حداقل این ساختارها را داشته باشد:

۱. ایجاد زمینه برای ارتباط مداوم، فعال و آزادانه با اقشار مختلف از فعالان جنبش
۲. ایجاد زمینه برای جذب منابع لازم جهت تداوم و نیل به اهداف جنبش
۳. مسئولیت‌پذیری در قبال فعالان جنبش در جهت افزایش آگاهی‌ها و مهارت‌های آنان

این ساختارها با ایجاد زمینه‌ی لازم برای ارائه راهکارهای مناسب در جهت جنبش فعالیت می‌کنند. پس لازم است جنبش از یک تیم رهبری با زمینه‌های متفاوت برخوردار باشد تا توان ارائه راهکارهای جنبش افزایش یابد.
رهبری جنبش باید با ایجاد این تشکیلات و زیرساخت‌های لازم، زمینه را در جهت افزایش مشارکت و ایجاد شبکه‌های مختلف در داخل جنبش فراهم سازد و همچنین با شبکه‌های خارج از جنبش نیز تماس داشته باشد.
تشکیلات جنبش باید در زمینه یافتن فرصت‌ها و راهکارها در جهت اهداف جنبش، زمینه را برای فعالیت افراد داخل جنبش فراهم سازد. این ساختار باید همچنین زمینه را برای همکاری با گروه‌های دیگر فراهم آورد. ساختار تشکیلاتی جنبش باید به صورتی باشد که بتواند اهداف و بینش جنبش را در سطح جامعه به‌گونه‌ای موثر ارائه دهد تا زمینه جذب بیشتر افراد جامعه را فراهم سازد.
تشکیلات جنبش با کمک رهبری باید چهارچوب معینی ایجاد کند، بدین صورت که باید نشان دهد اهداف جنبش حقانیت (مشروعیت) دارد. این حقانیت (مشروعیت) می‌تواند به خاطر عدالت، مبارزه در جهت ارزش‌های اخلاقی و یا ملی باشد. این امر به افزایش مشارکت فعالان جنبش کمک خواهد کرد. در ساختار تشکیلاتی جنبش، رهبران معمولاً راهکارهایی را در ابتدا مشخص می‌کنند. چهارچوب جنبش باید در جهت ایجاد تغییراتی در جامعه باشد که با توجه به راهکارها بتوان به آنها دست یافت. این چهارچوب‌ها باید برای افراد مختلف جامعه طراحی و اجرا شود. جنبش‌های مختلف تشکیلات و ساختارهای مختلفی دارند، برخی جنبش‌ها ساختار آزادی‌بخش داشته، جهت ارائه حقوق مدنی به اقشاری که سرکوب شده‌اند به راه می‌افتند. برخی جنبش‌ها در جهت برابری و مساوات تلاش می‌کنند و برخی برای حقوق اجتماعی مبارزه می‌کنند.
استفاده از وسایل ارتباط همگانی مانند روزنامه، تلویزیون و فضای مجازی به گسترش پیام و اهداف جنبش به مخاطبان، جهت جلب حمایت آنها منجر

خواهد شد. رهبران جنبش با استفاده از وسایل ارتباط همگانی، پیام جنبش را به طرفداران خود و قشر خاکستری جامعه منتقل می‌کنند. در این میان، نقش رهبران کاریزماتیک می‌تواند بسیار مؤثر باشد.

هرچند عوامل مختلفی در موفقیت جنبش‌های مدنی موثر هستند، ولی قطعاً یکی از آنان نقش رهبری و سازماندهی جنبش است.

بخش سوم

مخالفت مدنی

مخالفت مدنی و اعتراض غیرخشونت‌آمیز

موارد قابل توجه:

۱. مخالفت مدنی غیرخشونت‌آمیز، دارای تاریخچه طولانی و موثر در تشویق تغییرات اجتماعی و سیاسی مثبت در بسیاری از کشورها است.

۲. استراتژی اصلی مخالفت مدنی غیرخشونت‌آمیز شامل ترویج تغییرات به روش‌های غیرخشونت‌آمیز همراه با رد اطاعت از قوانین و درخواست‌هایی است که ناعادلانه یا آزاردهنده هستند.

۳. اگرچه کسانی که به مخالفت مدنی می‌پردازند، معمولاً صلح‌آمیز و غیرخشونت‌آمیز هستند، اما حریفان آن‌ها اغلب از خشونت استفاده می‌کنند تا تغییر را خنثی کرده و یا به تعویق بیندازند.

۴. اگرچه افرادی که بر استفاده از روش‌های غیرخشونت‌آمیز تاکید می‌کنند، به دنبال اخذ برتری اخلاقی هستند، زمانی که طرف مقابل به شدت آن‌ها را مورد حمله قرار می‌دهد، موقعیت آن‌ها در اذهان عمومی تضعیف می‌شود.

۵. مردم ایران پیشینه‌ای طولانی از اعتراضات غیرخشونت‌آمیز دارند که حداقل به دوره انقلاب مشروطه ایران در سال‌های ۱۹۰۵-۱۹۱۱ بازمی‌گردد.

استفاده مدرن از مخالفت مدنی به عنوان یک ابزار استراتژیک برای تغییر اجتماعی و سیاسی، حداقل از زمان هنری دیوید ثورو، در میانه قرن نوزدهم وجود داشته است. در اوایل قرن بیستم، ایده‌های ثورو، توسط ماهاتما گاندی که بر تأکید بر استفاده از جنبش‌های جمعی برای فرار از حکومت استعماری در هند تأکید داشت، تعریف و عملی شد. این تاکتیک‌های غیرخشونت‌آمیز، در طول حملات حقوق مدنی در ایالات متحده توسط رهبرانی مانند مارتین لوترکینگ نیز بهبود یافت.

ایران نیز تاریخچه طولانی از اعتراضات غیرخشونت‌آمیز دارد. به عنوان مثال، در انقلاب مشروطه (۱۹۰۵-۱۹۱۱) ایرانیان برای تغییرات سیاستی و اقتصادی تظاهرات کردند. هدف آن‌ها ایجاد یک دولت نمایندگی (پارلمانی) با تفکیک قوا به شیوه‌ای نسبتاً مشابه با مدل بریتانیایی بود. مثال دیگر به سال ۱۹۴۰ میلادی بازمی‌گردد، زمانی که ایالات متحده هزاران سرباز را در تهران مستقر کرد. بسیاری از حوادث رانندگی ناشی از استقرار این نیروها در آن زمان نارضایتی عمومی ایرانیان را برانگیخت و منجر به تظاهراتی شد که در آن مردم خواستار برقراری ایمنی در خیابان‌ها شدند. برای درک تاکتیک‌های غیرخشونت‌آمیز و نقش آن‌ها در ایران معاصر، این اقدامات در ادامه مورد بررسی قرار می گیرند.

هنری دیوید ثورو

در سال ۱۸۴۶، از فیلسوف و فعال آمریکایی هنری دیوید ثورو درخواست شد تا مالیات خود را پرداخت نماید. ثورو از پرداخت امتناع نموده، ادعا کرد که پول او برای پشتیبانی از فعالیت‌های غیراخلاقی مانند حمایت از برده‌داری و تأمین جنگ با مکزیک استفاده خواهد شد. به دلیل عدم پرداخت مالیات و مالیات‌های معوق، ثورو بازداشت و زندانی شد.

وی پس از آزادی، مجموعه سخنرانی‌هایی برگزار نمود که پایه‌ای برای مقاله‌اش با عنوان «مخالفت مدنی» شد. ثورو با توجیه فعالیت‌های خود، بر این موضوع تاکید کرد که رعایت قانون مالیات باعث حمایت از اقدامات

غیراخلاقی می‌شود؛ به همین دلیل خودداری از پرداخت مالیات به‌طور قانونی توجیه شد. ثورو براساس مشاهدات خود به این نتیجه رسید که وقتی مردم اخلاق‌مدار و روشنفکر مالیات‌هایی را پرداخت می‌کنند که اعمال نادرست را حمایت می‌کنند، به طور غیرمستقیم با فعالیت‌های غیراخلاقی همکاری می‌کنند. همچنین او در مشاهدات خود به این موضوع پرداخت که کسانی که از جنگ‌های نادرست خودداری می‌کنند، مالیات‌هایی را می‌پردازند که جنگ‌های نادرست را حمایت می‌کنند. ثورو به نتیجه رسید که در این شرایط، رعایت قانون با اصول اخلاقی منافات داشته و انجام آن اشتباه است.

ماهاتما گاندی

ماهاتما گاندی، فعال هندی که برای رهایی کشور خود از دست حکومت استعماری مبارزه می‌کرد، به‌شدت تحت‌تأثیر مشاهدات ثورو مبنی برمخالفت مدنی مردم با اعمال غیراخلاقی قرار گرفت. گاندی با بهره‌گیری از ایده‌های ثورو، افکار خود را با مفهوم ساتیاگراها شکل داد که شامل عدم همکاری با نیروهای مخالف است. با اینکه گاندی ساتیاگراها را به عنوان یک مجموعه پیچیده از اصول و روش‌های چندگانه و یک زندگی چند وجهی تصور می‌کرد، از آن می‌توان سه اصل (۱) عدم استفاده از خشونت، (۲) راستی گرایی، و (۳) عدم ترس را استخراج نمود.

عدم استفاده از خشونت، اصلی کلیدی در استراتژی مهاتما گاندی است. اولاً، در بسیاری از موارد، استفاده از خشونت بیهوده خواهد بود، به خصوص زمانی که طرف مقابلِ مخالف با قدرت زیاد پاسخ می دهد. ثانیاً، با باقی‌ماندن در حالت صلح‌آمیز، یک تمایز اساسی بین کسانی که از فشار و اجبار استفاده می‌کنند و کسانی که خواستار هماهنگی و روابط مثبت هستند، ایجاد می‌شود.

عدم استفاده از خشونت، شامل امتناع از ناسزاگویی و یا تحقیر طرف مقابل حتی به‌صورت شدید کلامی نیز هست. باید اصول اشتباه مورد نقد قرارگیرند و نه مجریان آن‌ها. عصبانیت و خشونت خود را کنترل کنید و به‌طور آشکار در

مقابل اعمال نادرست واکنش نشان ندهید؛ چراکه این اعمال، نتایج مخرب و معکوس در پی خواهند داشت.

راستی‌گرایی، معنایی فراتر از صداقت دارد. این همچنین به سبکی از رفتار که درستکارانه و راستی مآبانه است اشاره دارد. این سبک رفتار مستلزم خودداری از انجام واکنش‌هایی است که قادر به محکوم‌کردن اعمال نادرست نیستند، حتی اگر این اعمال ناخوشایند و آزاردهنده باشند. راستی‌گرایی یک ضرورت در راه مقاومت صلح‌آمیز است، چراکه هدف، غلبه بر مخالفت طرف مقابل است.

عدم ترس، ویژگی کلیدی افرادی است که می‌خواهند ساتیاگراها را اجرا کنند. ایستادن در راه حقیقت ممکن است خطرناک باشد. این به خصوص در صورتی که افراد در تظاهرات غیرخشونت‌آمیز خود را در معرض خطر قرار دهند، صدق می‌کند. افرادی که به سبک ساتیاگراها رفتار می‌کنند، ممکن است دستگیر شوند یا مورد آسیب قرار گیرند. بنابراین، اقدام به سبک ساتیاگراها مستلزم نترس‌بودن است.

استراتژی‌ها و تاکتیک‌های گاندی منجر به پایان حکومت استعماری در هند شد، هرچند نتایج کامل نبود؛ زمانی که گاندی به دفاع از حقوق اقلیت مسلمان در هند پرداخت، به دست یک افراطی هندو به قتل رسید.

جنبش حقوق مدنی آمریکایی

بعد از جنگ داخلی ایالات متحده (۱۸۶۱-۱۸۶۵)، جامعه‌ی آفریقایی‌تبار و حامیانش در سراسر کشور برای به دست آوردن همبستگی اجتماعی و اقتصادی مبارزه کردند. در اوایل قرن بیستم، دو مسیر برای انجام این کار ظاهر شد. یکی از این مسیرها با مخترع آفریقایی‌تبار، جورج واشنگتن کارور شناخته می‌شود که در آن از تشویق به کار سخت و تعهد برای آمریکائیان سیاه‌پوست برای بیرون‌کشیدن خود از فقر و بالابردن وضعیت کلاس دومی استفاده می‌شود. مسیر دوم که توسط دوبوئیس (جامعه‌شناس آفریقایی‌تبار) بنیان شد، این بود

که برای به‌دست آوردن برابری، اقدامات موشکافانه‌تری لازم است. با گذشت زمان، بیشتر کسانی که برای پیشرفت وضعیت آمریکائیان سیاه‌پوست تلاش می‌کردند، اذعان داشتند که برای پیشرفت‌های بزرگ در این زمینه، پرداختن به برخی تغییرات بنیادی غیرقابل اجتناب است.

در نیمه دوم قرن بیستم، دکتر مارتین لوترکینگ به عنوان طرفدار مخالفت مدنی غیرخشونت‌آمیز که آن را ابزاری برای به‌دست‌آوردن برابری و حقوق مدنی در ایالات متحده می‌دانست، ظاهر شد. کینگ با بهره‌گیری و تکمیل اقدامات ثورو و گاندی در این زمینه، یک جنبه مهم استراتژیک بنا نهاد که شامل امتناع از اطاعت نسبت به قوانینی است که "نادرست" و غیراخلاقی هستند؛ حتی اگر این قوانین بخشی از اصول تعریف شدهٔ قانون باشند. این اقدامات شامل به چالش کشیدن قوانینی بود که خدمات موجود برای آمریکائیان سیاه‌پوست را محدود می‌کرد. سیاه‌پوستانی که از حمل و نقل عمومی استفاده می‌کردند، از نشستن «در پشت اتوبوس» امتناع کردند. پیشخوان رستوران‌هایی که به سفیدپوستان خدمات ارائه می‌کرد، توسط سیاه‌پوستانی که خود را لایق این خدمات می‌دانستند مورد حمله قرار گرفت. وقتی که رسانه‌ها سوءاستفاده از تظاهرات را مطرح می‌کردند، شمالی‌ها وضعیت بسیار سخت تبعض در جنوب را به آنها یادآور می‌شدند.

در حین این رویدادها، این اعتراض‌کنندگان صلح‌آمیز اغلب به روش‌های توهین‌آمیز و بیش از حد خشن مورد برخورد قرار می‌گرفتند. زمانی‌که نیروهای واکنشی حامی تبعیض، از شیوه‌های غیرانسانی استفاده می‌کردند، رفتارهای نژادپرستانه آنها در برنامه‌های خبری تلویزیون پخش می‌شد. در واقع، تحمل این تهاجم‌ها و سوءاستفاده‌ها برای نشان‌دادن اقدامات غیرانسانی نژادپرستان، تاکتیکی کلیدی از استراتژی کینگ شد. اوج این رویدادها به «یکشنبه خونین» معروف است که در پل پتوس اتفاق افتاد. در ۷ مارس ۱۹۶۵، یک مراسم تظاهرات حقوق مدنی که تلاش کردند تا از رودخانه آلاباما عبور کرده و وارد منطقه سِلما شوند، آنها با نیروی پلیس مسلحی که به‌طور وحشیانه حمله

می‌کرد، مواجه شدند. از آنجا که این رویداد بسیار مورد توجه قرار گرفت، دوربین‌های شبکه‌های تلویزیونی تمام اقدامات را ضبط کردند و مردم از آنچه که در پخش‌های خبری تلویزیونی مشاهده می‌کردند، وحشت‌زده شده بودند وقتی که می‌دیدند افراد صلح‌طلب به طرز وحشتناکی مورد ضرب و شتم قرار می‌گیرند.

بسیاری از مشاهده‌کنندگان معتقد بودند که (به لطف تلویزیون) این رویداد که برخورد بسیار متعصبانه و خشن با اعتراض‌کنندگان صلح‌طلب را نشان می‌داد به نقطه عطفی در جنبش حقوق مدنی آمریکا در دهه ۱۹۶۰ تبدیل شد.

آیا جنبش‌های مدنی غیرخشونت‌آمیز موثر هستند؟

دکتر اریکا چنوت، استاد علوم سیاسی در دانشگاه هاروارد، در کتاب خود «جنبش‌های مدنی» بررسی گسترده‌ای از جنبش‌های مدنی را انجام داده است که در آن نشان می‌دهد که موثرترین روش برای تقویت تغییرات سیاسی و اجتماعی، مقاومت صلح‌آمیز است. به عنوان مثال، او دریافت که نرخ موفقیت جنبش‌های غیرخشونت‌آمیز دو برابر آلترناتیوهای خشونت‌آمیز بوده است. این موضوع به ویژه در طول ۵۰ سال گذشته رخ داده است. چنوت این روند را به قدرت مردم مرتبط می‌داند. طبق تحقیقات او، هیچ جنبش مدنی که حداقل ۳٫۵٪ مردم در آن شرکت کرده باشند، شکست نخورده است. او همچنین بیان می‌کند که میزان مشارکت عمومی در جنبش‌های مدنی چهار برابر جنبش‌های خشونت‌آمیز یا نظامی است.

بر اساس مشاهدات چنوت، گستره بیشتری از مردم (از نظر جنسیت، سن، نژاد و دیدگاه‌های سیاسی و/یا اجتماعی) در جنبش‌های غیرخشونت‌آمیز شرکت می‌کنند. واقعیت مهم دیگری که بسیار حائز اهمیت می‌باشد این است که جنبش‌های غیرخشونت‌آمیز بسیار موفق‌تر در برقراری صلح و دموکراسی نسبت به همتایان خشونت‌آمیز آن‌ها بوده‌اند. آن‌ها همچنین می‌توانند گرایش به جنگ داخلی را کاهش دهند.

چنوت این چنین بیان می‌کند که جنبش‌های مدنی موفق، مبتنی بر چهار عامل اصلی هستند:

۱. مشارکت گسترده در حمایت از دلیل رخداد توسط مخالفان وضع موجود،
۲. عدم تمایل مدافعان وضع موجود به مقابله با مخالفان آن،
۳. استفاده از روش‌های نوآورانه توسط مخالفان وضع موجود و بالاخره؛
۴. تدوین برنامه‌ها و حفظ نظم.

اما حتی جنبش‌های موثر باید آگاه باشند که دستاوردهای آن‌ها ممکن است توسط دیگران با اهداف و انگیزه‌های خودشان منحرف شده و مورد استفاده قرار گیرد.

سابقه تاریخی اعتراضات در ایران

مردم ایران تاریخ طولانی‌ای از اعتراض به اقدامات و سیاست‌هایی دارند که به نظر ناروا یا مغایر با خواسته‌های مردم می‌رسیدند. به عنوان مثال، اعتراض‌ها در طی انقلاب مشروطه (۱۲۸۴-۱۲۸۸)، و همچنین اعتراضات در طول جنگ جهانی دوم که مردم از تصادفات اتومبیلی که در آن نیروهای ایالات متحده شرکت داشتند، خشمگین شده بودند. پس از جنگ، دکتر محمد مصدق سعی کرد شرکت نفت انگلیسی-ایرانی را ملی کند. او به سرعت به عنوان یک قهرمان ملی‌گرا شناخته شد و حمایت گسترده‌ای را به دست آورد. هنوز هم اکثر ایرانیان به او احترام می‌گذارند و ارج می‌نهند. با این حال، بریتانیایی‌ها که مخالف حرکت دکتر مصدق برای ملی کردن نفت بودند، دولت جمهوری‌خواه جدید در ایالات متحده را، دوایت آیزنهاور، برای شروع کودتای ۱۳۳۲ تشویق کردند که در آن دولت دکتر مصدق سرنگون گردید و او دستگیر و محاکمه شد. متأسفانه، به نظر می‌رسد که دکتر مصدق سازمان کارآمدی برای حمایت از خود نداشته است. همچنین، رهبران مذهبی در آن زمان با کودتای آمریکایی همسو بودند.

یکی دیگر از اعتراض‌ها به خاطر توافقی که بین شاه و ایالات متحده به نام

«توافق وضعیت نیروها» (کاپیتولاسیون) منعقد شده بود و به نیروهای نظامی آمریکایی اجازه می‌داد که در ایران به اتهام انجام جرمی محاکمه نشوند و به جای آن توسط نیروهای نظامی ایالات متحده محاکمه گردند، پیش آمد. هم مذهبیون محافظه کار و هم لیبرال‌های سکولار این توافق را محکوم کردند و اصرار داشتند که دادگاه‌های ایرانی باید درگیر شوند چرا که این توافق بوی استعمارمی دهد. به عنوان یک نکته جالب، یک آیت‌الله ناشناخته تا آن زمان به این اعتراض‌ها پیوست و در طول اعتراضات سخنرانی‌های هیجان‌انگیزی ارائه کرد که او را به شهرت رساند و در نتیجه به دستگیری و تبعید او منجر شد. در دهه ۱۹۷۰، اعتراضات خاموش مسیر را برای انقلاب آماده کردند و نشان دادند که عموم مردم از حکومت شاه راضی نیستند. پس از سال‌ها تبعید، خمینی در سال ۱۹۷۹ به عنوان رهبر انقلاب به ایران بازگشت و رسماً حکومت مذهبی فعلی را پایه گذاری کرد.

ایران معاصر درحال حاضر تظاهرات و اعتراضاتی را تجربه‌می‌کند که در گروه مقاومت مدنی غیرخشونت‌آمیز قرار می‌گیرند. بسیاری از جریانات اعتراضی کنونی در این مقوله جای دارند. با عدم پرخاشگری به شیوه‌های خشونت‌آمیز، جنبش توانسته است موقعیت اخلاقی برای جلب حمایت عمومی و بین‌المللی را به دست آورد. هنگامی‌که رژیم کنونی به‌طور خیلی سخت به سرکوب پاسخ‌می‌دهد، در «قضاوت عمومی مردم» شکست‌می‌خورد. مخالفان ایرانی در استفاده از این ابزارها بسیار موثر بوده‌اند. به علاوه، حمایت و همدردی بین‌المللی نیز به دست آمده است.

تلاش برای همراه‌نمودن همه ایرانیان در حال انجام است. به عنوان مثال، به ایرانیان مذهبی و محافظه‌کار گفته می‌شود که با توجه به برخورد شدید و عدم تحمل رژیم کنونی، این رژیم قابل اصلاح نیست. در این شرایط، آیا سنت‌گرایان به این نتیجه می‌رسند که پذیرش تغییر بهتر از قبول کردن شرارت‌های نظام فعلی است؟ اینگونه پیش‌بینی‌ها می‌تواند تاکتیک بسیار ارزشمندی در بحث و گفتگو با این گروه‌ها باشد.

وضعیت فعلی در ایران

مقاومت مدنی غیرخشونت‌آمیز اخیر در ایران (معروف به «مهسا امینی» یا جنبش زن، زندگی، آزادی) از پاییز ۱۴۰۱ پس از مرگ یک بانوی جوان ایرانی در حالی که توسط گشت ارشاد بازداشت شده بود، آغاز شد. این رویداد شوکه‌کننده، جوانان ایرانی به ویژه زنان را علیه جمهوری اسلامی تحریک کرد. اعتراضات بی‌سابقه در سراسر ایران برای مطالبه حقوق زنان ایرانی به پا گردید. این جنبش یادآور اصول چندگانه‌ی گاندی، شامل عدم استفاده از خشونت، راستی‌گرایی و عدم ترس است. این ایرانیان شجاع، با استناد به جنبش‌های غیرخشونت‌آمیز قبلی، به دنبال جامعه‌ای کمتر جنسیت‌نگر و کشوری با آزادی بیشتر هستند و آن را جستجو می‌کنند. ویژگی‌ها و دلایل جنبش اخیر در ایران شامل:

۱. تغییرات جمعیتی شناختی: حضور بیشتر جوانان و زنان
۲. آزار و اذیت زنان، به عنوان شهروند درجه دوم، توسط نظام از سال ۱۳۵۸، در فعالیت‌های سیاسی، اقتصادی، قانونی و اجتماعی.
۳. افزایش سطح آموزش و آگاهی تمامی اقشار جامعه به ویژه زنان.
۴. اثر فزانیده جهانی شدن، فن‌آوری (رسانه‌های اجتماعی)، اینترنت و سکولاریزم.
۵. شکست کامل سیاست‌های اقتصادی دولت در بهبود کیفیت زندگی شهروندانش.

جمع بندی

مخالفت مدنی ابزاری قدرتمند است، و توسط بسیاری از افراد از جمله گاندی، مارتین لوترکینگ و نلسون ماندلا ماهرانه استفاده شده‌است. مخالفان ایرانی که سال‌ها از روش‌هایی متفاوت استفاده کرده‌اند، امروزه دوباره موفقیت‌آمیزبودن آن‌را تجربه می کنند. گرچه کسانی که این چنین رویکردی را اجرا می‌کنند باید به یاد داشته باشند که انجام آن ممکن است خطرناک باشد، پادزهر این خطر این است که تعداد زیادی از مردم در این امر مشارکت کنند.

گرچه راهبردهای مخالفت مدنی غیرخشونت‌آمیز مارتین لوتر کینگ در آمریکا موثر بود، همه فعالان با او موافق نبودند. به عنوان مثال، کار مالکلم ایکس و جنبش قدرت سیاه‌پوستان در طول جنبش حقوق مدنی آمریکا، به این نتیجه رسیدند که برای موفقیت لازم است «آتش را با آتش پاسخ داد». بنابراین، برخی از فعالان از خشونت یا ریختن خون پیروی می کنند. آیا این در ایران رخ می‌دهد؟ انتخابات ایران برای مجمع خبرگان و مجلس شورای اسلامی برای دور اول در تاریخ یکم مارس ۲۰۲۴ برگزار شد. اکثریت شهروندان رأی ندادند یا رأی نامشخص دادند. بر اساس گزارشی رسمی، ۴۱٪ از واجدین شرایط در رأی‌گیری شرکت کردند. این کمترین مشارکت از آغاز جمهوری اسلامی بود. گزارش‌های غیررسمی نشان می‌دهد که مشارکت در انتخابات کمتر از ۲۰٪ بوده است. این عدم مشارکت یک تصمیم مدنی و غیرخشونت‌آمیز توسط رأی‌دهندگان بود. عدم مشارکت حداکثری، بزرگترین شوک برای رژیم بود، زیرا شهروندان و رهبران مخالف فعالانه این موقعیت را تشویق می کردند. این نشان‌دهنده‌ی کاربردی‌بودن آنچه در این فصل بحث کردیم می باشد.

REFERENCES

- Chenoweth, Erica (2021) Civil Resistance: What Everyone Needs to Know. (N.Y.: Oxford University Press).
- Chenoweth, Erica; Stephan, Maria J. (2011), Why Civil Resistance Works: The Strategic Logic of Nonviolent Conflict, (New York: Columbia University Press).
- Sharp. Gene. 198 Methods of Nonviolent Action. Archived January 15, 2023, at the Wayback Machine Boston: Albert Einstein Institution, 1973.
- Sharp, Gene. How Nonviolent Struggle Works Archived November 29, 2022, at the Wayback Machine, with Jaime Gonzalez Bernal. Boston: Albert Einstein Institution, 2013
- Sharp, Gene. From Dictatorship to Democracy: A conceptual framework for liberation (see article). Boston: Albert Einstein Institution, 2003.

روش‌های تغییر

خلاصه

اعتراض صلح‌آمیز یا استفاده از قدرت و نیروهای فشار، دو روش معمول برای تغییر است. در برخی موارد، انقلاب‌های خشن رخ می‌دهد که می‌تواند خطرات بزرگ و هزینه‌های بالایی در برداشته باشد. (صرفاً از این‌که توسط چه کسی انجام شده باشد یا چه نتایجی در بر داشته باشد). برخی گزینه‌ها اجباری هستند، در حالی که برخی دیگر بر اساس شرایط است. برای در نظر گرفتن گزینه‌های موجود، انواع مختلفی از گزینه‌ها، همراه با پیامدهای آن‌ها درباره ایران بحث می‌شود.

موارد قابل توجه:

۱. جنبش‌های اجتماعی، اقدامات گروهی با اهداف آگاهانه هستند.

۲. طبیعت و ساختار جنبش‌های اجتماعی تبیین شده است.

۳. دسته‌بندی لئون تروتسکی از انقلاب‌های سیاسی و اجتماعی مورد بحث قرار می‌گیرد.

۴. انواع مختلفی از جنبش‌های انقلابی، گزینه‌های متمایزی را ارائه می‌دهند.

۵. در مورد انواع مختلفی از گزینه‌های جایگزین در ایران بحث می‌شود.

مقدمه

تغییر همیشه قابل پیش‌بینی، هماهنگ و/ یا غیرخشونت‌آمیز نیست. علاوه بر این، اغلب تحت تأثیر تغییرات اجتماعی و اقتصادی قرار می‌گیرد. برخی تحولات، مانند انقلاب صنعتی، بر اساس تغییر قابلیت‌های فن‌آورانه شکل گرفته، در حالی که سایر موارد تحت تأثیر اعتقادات و روابط مذهبی یا اجتماعی قرار دارند. این بحث به افرادی اختصاص دارد که در حال تعامل با یکدیگر هستند تا زندگی خود را تنظیم یا حفظ کنند. این واکنش‌ها اغلب تحت تأثیر اعتقادات شخصی، توانایی‌های فنی، ترجیحات زندگی و یا ترکیبی از موارد فوق قرار می‌گیرند.

به عنوان نقطه آغازین، بحث مختصری در مورد جنبش‌های اجتماعی و چگونگی تحول در ایران مطرح می‌شود. این مشاهدات بر اساس انقلاب‌های «سیاسی» و «اجتماعی» مورد بحث لئون تروتسکی که بر پایه تحلیل انواع مختلفی از انقلاب‌ها و تغییرات تبیین شده، ارائه می‌شوند. همچنین این بحث و بررسی‌ها مرتبط با حوادث اخیر ایران ارائه شده است.

جنبش‌های اجتماعی

بحران‌های کنونی در ایران می‌توانند به عنوان یک جنبش اجتماعی قلمداد شوند. این جنبش توسط کسانی پشتیبانی می‌شود که به دنبال بهبود شرایط موجود برای دستیابی به اهداف جایگزین هستند. تنش کنونی در ایران یک مثال از چنین کمپین‌هایی است. جامعه‌شناس چارلز تیلی (۲۰۰۴ ۳-۴) می‌گوید که این نوع اقدامات جمعی یک پدیده نوظهور هستند، با این حال، جامعه جهانی تحت تأثیر این پدیده‌ها قرار گرفته است.

به گفته تیلی، اقدامات جمعی با سه ویژگی مشخص می‌شوند:

۱. آن‌ها معمولاً به عنوان «تلاش عمومی سازمان یافته» توصیف می‌شوند،

۲. از روش‌ها و تکنیک‌های مختلفی برای انجام هماهنگی‌ها استفاده می‌شود (مانند تظاهرات، جلسات عمومی و غیره).

۳. کسانی که خواستار تغییر هستند به حمایت عمومی به عنوان اعتبار فعالیت خود اشاره می‌کنند.

جنبش‌های اجتماعی نوعی مشارکت مردمی برای حمایت از خواسته‌ای عمومی است که به یک کمپین هماهنگ شبیه می‌شوند. طرفداران احساس اشتیاق، تعهد و اخلاص می‌کنند. در مورد ایران معاصر، عموم مردم اصرار دارند که قوانین و الزامات مختلفی که بر اساس تفاسیر اسلامی نوشته شده‌اند، باید تسهیل شوند. اگرچه در طول زمان تغییراتی در این جنبش‌ها رخ داده است، آنها به مدت چندین سال پایدار بوده‌اند. این جنبش در سال ۲۰۲۲ به دلیل مرگ مهسا امینی که در حین بازداشت توسط گشت ارشاد به بهانه‌ی نداشتن حجاب مناسب جان باخت، تشدید شد. درخواست این اعتراض‌ها از مقامات کشوری، لغو سیاست‌های تندروی مذهبی و برداشته‌شدن فشار افراطی اجرای آنها است.

شایان ذکر است که جنبش‌های اجتماعی تک‌بعدی نیستند. آنها از انواع مختلفی از ارتباطات که باعث تقویت و بهبود یکدیگر می‌شوند، استفاده می‌کنند. این تکنیک‌ها با مشارکت عمومی ترکیب شده و نه تنها قدرت اعتراض را افزایش می‌دهند، بلکه باعث تحریک بیشتر مردم و درگیرنمودن آنها در جنبش می‌شوند. در سال‌های اخیر، فعالیت‌های گسترده‌ای در ایران صورت گرفته که وضع موجود را به چالش کشیده و خواستار تغییر شده‌اند. سطح بالای حمایت مردمی، این جنبش‌ها را تقویت و حفظ کرده است. با این حال، حکومت با سرکوب معترضان تلاش می‌کند که این موفقیت و اثربخشی را محدود سازد. یک تاکتیک کلاسیک از سوی کسانی که علیه جنبش‌های اجتماعی هستند، کاهش توانایی جنبش در برقراری ارتباطات است. انجام این کار می‌تواند تأثیر زیانباری بر جنبش و تضعیف روحیه شرکت‌کنندگان آن داشته باشد. در واقع، رژیم ایران سعی دارد که اینترنت را کنترل کند و با ایجاد رعب و وحشت ارتباطات را کاهش دهد. در طرف مقابل مردم تلاش سختی برای حفظ خطوط ارتباطی و مشارکت جمعی دارند.

حفظ این ارتباطات باعث متصل ماندن عموم مردم شده و به حفظ روحیه و دلگرمی آنان کمک می‌کند.

آخرین عنصر یک جنبش اجتماعی نمایش‌های عمومی از وحدت و حمایت مردمی است. اعتراضات و تظاهرات مردم ایران که به قوانین و سیاست‌های رژیم اعتراض می‌کنند نشان‌دهنده ابتکاری قوی در این زمینه است. بنابراین، تا کنون، این جنبش وحدت مردمی را نشان داده، به صورت یکپارچه عمل کرده و به واسطه منازعات داخلی تقسیم نشده‌است.

بنابراین، خواسته مدرنیسم غربی و سکولاریسم در ایران دارای تمامی ویژگی‌های یک جنبش اجتماعی است. اگرچه حکومت فعلی ایران سعی در کاهش اثرات تغییر دارد، این جنبش اقدامات موثری داشته و اثرگذار بوده است.

دوقطبی تروتسکی

لئون تروتسکی یکی از تئوریسین‌های معروف مارکسیست بود و نقش کلیدی در انقلاب روسیه داشت. او به عنوان یک مخالف قوی ژوزف استالین که معتقد بود انقلاب سوسیالیستی موفق می‌تواند در یک کشور تحقق یابد؛ تأکید داشت که یک انقلاب سوسیالیست جهانی برای حفظ و تقویت انقلاب در داخل و همچنین در سطح بین‌الملل ضروری است. او در سال ۱۹۲۹ از روسیه تبعید شد و در سال ۱۹۴۰ در حالی که در مکزیک زندگی می‌کرد، ترور شد. در سال ۱۹۳۶، در زمان تبعیدش، تروتسکی کتاب «خیانت انقلاب» را نوشت که در آن، تفاوت بین آنچه او انقلاب‌های «سیاسی» و «اجتماعی» می‌نامد را تشریح کرد. در یک انقلاب سیاسی، دولت جایگزین می‌شود یا به طور قابل توجهی تغییر می‌کند، با این حال، پایه‌های جامعه به نحوی معنی‌دار تحت تأثیر قرار نمی‌گیرند. به عبارت دیگر، علاوه بر اینکه رده‌ای جدید از نخبگان در سطوح بالای نظام جدید تشکیل می‌شود (و کاهش یا حذف رقبا)، زندگی برای بیشتر مردم به طور گسترده‌ای بدون تغییر است.

بر خلاف انقلاب سیاسی، در یک انقلاب اجتماعی، روابط قدیمی بین اقتصاد،

ساختار قدرت و مردم به طور قابل توجهی دستخوش تغییرات می‌شوند. از آنجا که تروتسکی یک کمونیست بود، فکر می‌کرد که سیستم سرمایه‌داری را با یک نظام سوسیالیستی جایگزین کند. با این حال، تعمیم این مدل فراتر از اقتصاد و سوسیالیسم نسبتاً آسان است. جنبش‌های کنونی در ایران، چند بُعدی هستند، زیرا شامل جنبه‌هایی از تغییرات اقتصادی، اجتماعی و سیاسی می‌شوند.

بعد از یک انقلاب سیاسی، تغییرات بسیار کمی در زندگی بیشتر مردم رخ می‌دهد. بدون شک، نخبگان و قدرتمندان دوباره جایگزین می‌شوند و تغییرات کوچکی ممکن است در فعالیت‌های روزمره مشاهده شود، اما زندگی برای اکثریت مردم به طور گسترده‌ای مانند قبل ادامه خواهد داشت. با نگاه به تاریخ روم باستان، بسیاری از امپراتوران آمدند و رفتند، با این حال، سیستم‌های اجتماعی و اقتصادی و قوانین رومی مانند قبل اجرا می‌شد. رویدادهای اخیر رخ داده در ایران را می‌توان به عنوان انقلابی سیاسی تلقی نمود، چراکه یک نظام جدید کنترل شکل می‌گیرد، اما تغییرات کمی رخ می‌دهد.

اگر اعتراضات سال ۱۹۷۹ به عنوان یک انقلاب سیاسی ظاهر شده بودند، نظام جدید باید فساد را از بین می‌برد و پلیس مخفی را منحل می‌کرد، اما نباید تغییرات جامعه که توسط شاه آغاز شده بود، مورد چالش قرار می‌گرفت. در مقابل، در یک انقلاب اجتماعی، تغییرات مهم و اساسی رخ می‌دهد که بسیار فراتر از تغییر در روابط قدرت میان نخبگان است. انقلاب ایران نمونه‌ای از انقلاب اجتماعی است، زیرا رژیم جدید، ساختارهای گذشته را در هم کوبید و اکثر اهداف شاه شامل سکولاریسم و مدرنیسم غربی را کنار گذاشت. پس از انقلاب، تأکید بر مناسبات مذهبی محافظه‌کارانه و روش‌های زندگی سنتی بیشتر شد. علاوه بر این، مردم به فرمانبرداری از این قوانین جدید مجبور شدند.

این دوقطبی سیاسی و اجتماعی می‌تواند برای کسانی که به دنبال جایگزینی برای رژیم فعلی ایران هستند، بسیار مهم باشد. انقلاب ۱۹۷۹ یک انقلاب

اجتماعی بود که دیدگاهی تحولی از ایران و آنچه دولت از شهروندان خود می‌خواست، را پذیرفت. این مسأله سوالاتی را در مورد اینکه آیا ثمره این انقلاب اجتماعی می‌تواند به طور موثر توسط یک انقلاب سیاسی جدید که فقط یک رهبری جدید فراهم می‌کند، جایگزین شود را برمی‌انگیزد. یکی از نگرانی‌های کسانی که به دنبال تغییر در ایران هستند، این است که امکان دارد دولت کنونی (یا جایگزین‌های محافظه‌کار برای آن) تغییر واقعی را با اعطا کردن امتیازات جزئی که مردم را آرام می‌کند خفه کند تا تغییرات بیشتر و مهم‌تر را مهار سازد. خواننده باید با اشاره به شرایط موجود، این مسأله را مدنظر قرار دهد.

بنابراین، انقلاب‌های سیاسی و اجتماعی بسیار متفاوت هستند. انقلاب‌های سیاسی معمولاً سطحی هستند و تأثیر آنها به طور قابل توجهی بر نخبگان و قدرتمندان است و این امکان را فراهم می‌کند تا وضعیت موجود حفظ شود. انقلاب‌های اجتماعی شامل تغییرات معنی‌دار و تحولات بنیادین هستند.

نگاهی گسترده‌تر به انقلاب

دوقطبی تروتسکی بر روی پیامدهای مختلف تغییر، تمرکز دارد. انقلاب‌های سیاسی به طور معمول سطحی هستند: نخبگان جدید قدرت را به دست می‌آورند، اما ویژگی‌های دیگر به طور گسترده تغییر نمی‌کنند. در انقلاب‌های اجتماعی، پتانسیل قوی‌تری برای تغییر معنادار و سیستماتیک در سراسر اقتصاد و جامعه وجود دارد.

این دوقطبی هر چند مهم است، اما در مورد مکانیزم‌های واقعی که هنگام انقلاب رخ می‌دهد، صحبت نمی‌کند. وقتی شرایط خاص و انتخاب استراتژی‌های مؤثر باید در نظر گرفته شود، آگاهی از ویژگی‌های خاص انواع انقلاب بسیار حائز اهمیت است. مارک کتز (۱۹۹۷) در کتاب «انقلاب‌ها و موج‌های انقلابی» طبقه‌بندی مفیدی را در این زمینه ارائه کرده است. کتز شش نوع انقلاب را شناسایی می‌کند، از جمله:

۱. انقلاب روستایی

۲. انقلاب شهری
۳. کودتا
۴. انقلاب از بالا
۵. انقلاب از بیرون (مداخله خارجی)
۶. انقلاب تدریجی (تغییر تدریجی در طول زمان - Osmosis)

این دسته‌بندی‌ها از هم مستقل نیستند و عناصری از بیش از یک نوع انقلاب می‌تواند همزمان وجود داشته باشد.

۱. **انقلاب روستایی:** از انقلاب ۱۹۷۹ ایران می‌توان به عنوان انقلابی روستایی نام برد. تحت نظر شاه، دولت ایران سیاست‌هایی را اجرا کرد که به توسعه اقتصادی، مدرنیسم غربی و سکولاریسم مایل بود. بسیاری از این اقدامات، عمدتاً در مراکز شهری انجام شد. هنگامی که شاه برنامهٔ اصلاحات ارضی را مطرح کرد، مالکان زمین‌ها احساس خطر کردند و خمینی از این نارضایتی استفاده نموده، به مخالفت با شاه پرداخت.

۲. **انقلاب شهری:** در یک انقلاب شهری، شرایطی که توسط زندگی شهری ایجاد شده‌اند و/یا یک تغییر جمعیتی به سمت شهرنشینی، منجر به شورش اجتماعی و سیاسی می‌شود. به عنوان مثال، کارل مارکس معتقد بود هنگامی که مردم به مراکز شهری منتقل می‌شوند و به فردی حقوق‌بگیر تبدیل می‌گردند، احساس غربت و وابستگی به دستمزد کاری، رو به افزایش می‌گذارد. طبق این منطق، مهاجرت به مناطق شهری می‌تواند منجر به نارضایتی شده و نهایتاً به شورش بیانجامد. نتیجه این وضعیت می‌تواند موجب ایجاد احساس بیگانگی و شورش شود. در ایران معاصر، تعداد زیادی از ساکنان شهری اعتقاد دارند که آنها به‌طور نابرابری توسط اصول‌گرایان مذهبی دولت محدود شده‌اند و احتمالاً بر علیه آن اقدام می‌کنند.

کسانی که به دنبال انقلاب و تغییر در ایران هستند، باید میزان نیاز به

جامعه روستایی یا شهری یا ترکیبی از هر دو را تعیین کنند. اگر چه شاهان در قرن بیستم سعی در تغییر زندگی روستایی داشتند، بخش مهمی از این سبک زندگی باقی مانده و دستخوش تغییر نشده است. فیلم‌های معروفی مانند کافه مرز، بر ویژگی‌های جدایی‌ناپذیر زندگی روستایی و طبیعت محافظه‌کار آن تأکید می‌کنند.

۳. **کودتا:** کودتا به معنای سرنگونی یک رژیم توسط افراد قدرتمندی است که به طور معمول قسمتی از دولت بوده یا نزدیک به هرم قدرت هستند. وقتی که افراد در جستجوی کسب قدرت برای خود نیستند،تغییراتی را مطالبه می‌کنند، چرا که می‌ترسند که سیاست‌ها و راهبردهای فعلی ناکارآمد یا در تضاد با منافع آن‌ها و/یا جامعه باشند. به عبارت دیگر، آنها به دنبال ترویج هدف خود هستند که با معرفی یک نظام جدید بهتر بتوانند به چالش‌هایی که با آنها مواجه هستند، پاسخ دهند.

با نگاهی به جنبش کنونی در ایران، این احتمال وجود دارد که حکومت فعلی با رژیم غیردموکراتیک دیگری جایگزین شود. در پاسخ به ناآرامی‌های کنونی، یک جایگزین جدید ممکن است به زنان اجازه دهد که بازی‌های فوتبال را شخصاً تماشا کنند، حجاب خود را کنار بگذارند و غیره. با این حال، هدف چنین امتیازاتی حفظ بخش عمده‌ای از اولویت‌های محافظه‌کارانهٔ رژیم خواهد بود.

کسانی که بر تغییرات قابل‌توجه تمرکز می‌کنند باید برای چنین تاکتیک‌هایی آماده باشند. اگر اصلاحات جزئی انجام شود، آیا باید آنها را یک پیروزی تلقی کرد یا صرفاً به عنوان شواهدی بر ضعیف‌بودن مخالفان که به این امتیازات هم راضی می‌شوند که در این صورت حتی ممکن است حکومت امتیازهای بیشتری هم بدهد؟

۴. **انقلاب از بالا:** در برخی از مواقع، یک دولت (یا رهبران مهم داخل آن) تغییراتی اساسی را پیاده‌سازی می‌کنند که می‌تواند بسیار قوی‌تر و موثرتر از تغییرات قبلی باشد. در این زمینه، کتز به برنامهٔ رهبران چین

تحت‌عنوان افق بزرگ پیش‌رو (۱۹۵۸-۱۹۶۲) که توسط مائو، رئیس حزب، هماهنگ می‌شد، اشاره می‌کند. متعاقب آن رهبران چین یک برنامه انقلاب کشاورزی (۱۹۷۶ -۱۹۶۶) را نیز اجرا نمودند. به عنوان مثال، وضعیت فرضی‌ای را در نظر بگیرید که در آن رهبران رژیم کنونی ایران خواستار (۱) مجموعه‌ای از کنترل‌های سخت‌تر (۲) سطح بی‌سابقه‌ای از تبلیغات و (۳) آموزش مجدد مذهبی شوند. این تغییرات حتی اگر بسیار وسیع باشد، رویکردی کاملاً برعکس خواهد بود و بیشتر منطبق با خواسته‌های رژیم است. این برخلاف سیاست «زندگی کن و بگذار زندگی کنند» است که کنترل‌های مذهبی و محافظه‌کارانه را به طور متوسط کاهش می‌دهد. به نظر می‌رسد که در سال‌های ۲۰۲۲ و ۲۰۲۳ در سرکوب اعتراضات توسط دولت حداقل به صورت پراکنده به این شیوه عمل شده است. آیا چنین تشدیدهایی می‌تواند به دنبال تضعیف کسانی باشد که از تغییر حمایت می‌کنند و آن را ترویج می‌نمایند؟

۵. **انقلاب از بیرون:** برخی از انقلاب‌ها توسط بیگانگان آغاز شده یا حمایت می‌شوند. برای مثال، گاهی اوقات پس از پایان یک جنگ، طرفِ پیروز تغییرات قابل توجهی را در کشور یا منطقه شکست خورده ایجاد می‌کنند. این اتفاق پس از جنگ جهانی دوم در آلمان و ژاپن رخ داد. در موارد دیگر، مانند جنگ نیابتی، خارجی‌ها کمک قابل توجهی برای شروع تغییر ارائه می‌دهند.

تاکنون هیچ نشانه‌ی محکمی مبنی بر آمادگی کشورهای خارجی برای اقدام به این شیوه در ایران دیده نشده است. با این وجود، بسیاری از افراد خارجی علاقه‌مند به تشویق تغییر در ایران هستند که بیشتر آنان جمعیت ایرانی مهاجر می‌باشند که عمدتاً پس از انقلاب ۱۹۷۹ از کشور خارج شده‌اند. چنین افراد و گروه‌هایی که از آنها حمایت می‌کنند، متعهد به تغییراتی چشمگیر در ایران هستند. بدون شک، ایرانیانی که به دنبال تغییر هستند، در مبارزات خود با یک رژیم مذهبی محافظه کار، چنین متحدانی را به عنوان متحدان ارزشمندی خواهند دید.

۶. **انقلاب تدریجی**: بسیاری از دگرگونی‌های مهم به آرامی در طول زمان رخ می‌دهد. زمانی که ایالات متحده تلاش می‌کرد مردم بومی را جذب کند، مدارس شبانه‌روزی برای حضور اعضای جوان قبایل ایجاد کرد. هدف این بود که به تدریج سبک زندگی آمریکایی، مذهب مسیحی و مهارت‌های حرفه‌ای/اقتصادی را به عنوان بخشی از فرآیند همسان‌سازی معرفی کنند. این نمونه از انقلاب تدریجی نه‌تنها موفقیت خاصی به‌دنبال نداشت، بلکه عوارض جانبی زیان‌بار زیادی نیز داشت.

با این‌حال، نمونه‌های دیگر مؤثرتر بودند. برای مثال، پس از ظهور اسلام، بخش‌های بزرگی از خاورمیانه و شمال آفریقا، هم دین و هم فرهنگ عربی را پذیرفتند، اگرچه این روند آهسته، ناقص و نوعاً با زور پیش رفت. تلاش‌های دیگر کمتر موفقیت‌آمیز یا کامل بود. به عنوان مثال در ایران، اسلام به اجبار معرفی شد. ایرانیان اگرچه به دین اسلام گرویدند، اما هویت فرهنگی خود را حفظ کردند. این موضوع سؤالاتی را در مورد آینده ایران ایجاد می‌کند. به نظر می‌رسد رژیم اسلامی کنونی نیز از همین سیاست تدریجی برای تأکید بر محافظه‌کاری مذهبی و رد راه‌های مدرنیسم غربی استفاده می‌کند؛ اما تا چه حد این سیاست موفق خواهد بود؟

به همین ترتیب، اگر نیروهای غرب‌گرا و سکولار موفق شوند، چگونه باید برنامه‌ها و اولویت‌های خود را معرفی کنند؟ به‌طور خاص، آیا در برخورد با نیروهای مذهبی و محافظه‌کار از نوعی فرآیند تدریجی استفاده می‌شود؟ آیا به باورها و نگرش‌های آنها اجازه داده می‌شود که بدون مزاحمت وجود داشته باشند؟ یا استراتژی دیگری پدیدار خواهد شد؟

وضعیت ایران

اگر چه در طول سال‌ها تمایلات مختلفی برای تغییر وجود داشته است، وضعیت ایران به طور عمده با تغییرات تدریجی رقم خورده که غالباً به واسطه فشار اقتصادی یا اجباری هرم قدرت بوده است.

در اوایل قرن ۱۶ میلادی، شاه اسماعیل، امپراتوری صفوی را بنیان‌گذاری نمود که بیش از ۲۰۰ سال حکومت کرد و پایه‌های ایران مدرن را ایجاد کرد. اگرچه شاه اسماعیل از نژاد خالص ایرانی نبود، امّا تلاش‌های بسیاری را برای تقویت فرهنگ ایرانی انجام داد و تقویت کرد.

با درکنار هم قراردادن و مقایسه‌کردن فرهنگ ایرانی و تأثیرات فرهنگ عربی که در طول زمان رخ داده، شاه اسماعیل مذهب اهل سنت که در بین اعراب رواج دارد را رد کرد و نسخه دوازده امامی شیعه را به عنوان مذهب ملی معرفی نمود. دست‌یابی به این هدف به طورتدریجی و همراه با تشویق، ارعاب، و یا فشار محقق شد. در نهایت این تغییر موفقیت‌آمیز بود و شیعه به عنوان مذهب اصلی در امپراتوری جدید ایران معرفی شد. این رویدادها می‌توانند به عنوان مثال‌هایی از ایجاد انقلاب تدریجی در نظر گرفته شود.

در اوایل قرن بیستم، پس از ظهور رضا پهلوی به عنوان شاه ایران، او اقدامات زیادی را برای تغییر کشور به شکلی که با غرب هماهنگ باشد، انجام داد. رضا شاه، برای مثال، بر روی مدرنیته، سکولاریسم و توسعه اقتصادی تأکید کرد. به خاطرداشتن این اهداف، بسیاری او را تحسین نموده‌اند. علاوه بر این، شاه بر روی فرهنگ پارسی آن‌قدر تأکید کرد که سیاست‌های او به صورتی آشکار یا پنهان گروه‌های قومی دیگر را سرکوب می‌کرد. با توجه به احساسات ملی‌گرایانه‌ی رمانتیک آن دوران، شاه به سیاست گسترده‌ای از پارسی‌سازی پرداخت تا همبستگی فرهنگی و سیاسی ایجادکند. این سیاست‌ها می‌توانند به عنوان نوعی از انقلاب تدریجی فرهنگی پایداری سیاسی در نظر گرفته شوند. در همان زمان، فرآیند مشابهی در امپراتوری عثمانی و کشور تاره تاسیس ترکیه رخ داد.

به دلیل تنش‌های جنگ جهانی دوم و سوءظن ارتباط رضاشاه با نیروهای آلمانی، پسرش محمدرضا پهلوی جایگزین او شد. در بسیاری از موارد، شاه جدید، ادامه دهندهٔ راه پدرش در مسیر تغییرات و پیشرفت بود. او مشابه پدرش به استفاده‌اززور و ارعاب برای اجرای سیاست‌های اجتماعی خویش ادامه داد.

این تمایل با بررسی انقلاب سفید شاه (۱۹۶۳-۱۹۷۹) که به توسعه اقتصادی، سکولاریسم و به طور کامل هماهنگی بیشتر ایران با غرب اختصاص داشت، قابل مشاهده است. انقلاب سفید نوعی انقلاب اجتماعی غیرنظامی بود که بخش‌های بزرگی از ایران را تغییر داد. این انقلاب یک ابتکار اجتماعی و اقتصادی بود که تا حد زیادی قدرت خوانین و ملاکان را محدود کرد، و در عین حال منجر به افزایش شهرنشینی، مدرنیته و غربی‌سازی شد. قبل از این که انقلاب ۱۹۷۹ پایان زودهنگامی بر برنامه انقلاب سفید باشد، پیشرفت‌های زیادی کسب شد، اما همه اجزای جامعه به طور یکسان از آن بهره‌مند نشدند. با این حال، تغییرات ناشی از انقلاب سفید عظیم بود. دوباره، مردم ایران تحت‌تأثیر سیاست‌هایی قرار گرفتند که تغییراتی را که مبتنی بر انقلاب تدریجی بود، اجرا کردند.

در بسیاری از موارد، انقلاب اسلامی ۱۹۷۹ یک گسست با تاریخ گذشته ایجاد کرد. در حقیقت، انقلاب اسلامی به طور گسترده ای سعی در زدودن دستاوردهای شاه که مربوط به سکولاریسم، مدرنیته و غرب‌گرایی بود، داشت. رژیم اسلامی موارد زیادی از قوانین و سیاست‌هایی را که به تفسیر سختگیرانه‌ای از اسلام پای‌بند بود، اجرا کرد. این اقدامات به طور روشن با فعالیت‌های دو شاه قبلی که سیاست‌های تغییر سریع را ترویج می‌کردند و کنار گذاشتن فرهنگ سنتی و حرکت به سوی فرهنگ مدرن زندگی می‌کردند، در تضاد بود.

از یک سو، اقدامات رژیم اسلامی نشان می‌دهد که آنها از انقلاب تدریجی برای دستیابی به اهداف خود استفاده کرده‌اند. در حقیقت، مشابه با استراتژی‌های تغییر گسترده دو شاه گذشته، رژیم فعلی از گستره‌ای از تاکتیک‌ها که سعی در تبدیل وفاداری، اعتقادات و شخصیت مردم ایران دارند، استفاده کرده است. رژیم، با این حال، در انجام این کار موفق نبوده است.

با نگاهی به رویدادهای تاریخی، به ویژه در قرن بیستم و بیست و یکم، ایران تجربه‌های وسیعی از کمپین‌های متنوع داشته است که تغییرات تدریجی به

وسیله فشار اجرا شده است. این تغییرات توسط هر دو گروه پیشرفت‌گرایان و سنت‌گرایان به نمایش گذاشته شده است.

بحث و نتیجه‌گیری:

جنبش‌های اجتماعی مؤثر، از سازماندهی خوبی برخوردار هستند. آنها از انواع مختلفی از تکنیک‌ها برای ترویج یک خواسته استفاده می‌کنند و به دنبال کسب حمایت جمعی در جهت توجیه آن هستند.

درک ما از چنین پدیده‌هایی با نگاه به نتایج لئون تروتسکی که به دو نوع از انقلاب‌ها اشاره دارد، افزایش می‌یابد. انقلاب‌های سیاسی تنها منجر به تغییر رهبری می‌شوند. تغییر واقعی رخ نمی‌دهد، زیرا یک نخبهٔ جدید فقط ظاهر می‌شود و نظام را کنترل می‌کند. در مقابل، انقلاب‌های اجتماعی، تغییر واقعی را به همراه دارند.

اگرچه دو قطبی لئون تروتسکی مفید است، اما تنوع فرآیندهایی را که می‌تواند منجر به تغییر انقلابی شود، به خوبی بررسی نمی‌کند. با این حال، مارک کاتز، طبقه‌بندی مفیدی را در این زمینه ارائه داده است که شامل انقلاب روستایی، انقلاب شهری، کودتا، انقلاب از بالا، انقلاب از بیرون، و انقلاب تدریجی می‌شود. هنگام توسعه استراتژی‌ها، نگه‌داشتن انواع این انقلاب‌ها و ویژگی‌های آنها در ذهن می‌تواند منجر به تفکّر و عمل مؤثرتری شود.

اصلاحات اقتصادی شاه از جمله انقلاب سفید که بر توسعه، سکولاریسم و غرب‌گرایی تأکید داشت، می‌تواند به عنوان یک انقلاب اجتماعی غیرنظامی تلقی شود که بخش‌های بزرگی از ایران را تغییر داد. انقلاب ۱۹۷۹ همچنین می‌تواند به عنوان یک انقلاب اجتماعی در نظر گرفته شود، چراکه تغییرات مهمّی، به ویژه بازگشت به محافظه‌کاری مذهبی را در جامعه ایرانی به وجود آورد.

علاوه بر این، این نمونه‌های تغییر می‌توانند به عنوان مثال‌هایی از انقلاب تدریجی یا تغییرات تدریجی تلقی شوند، حتی اگر از زور و تهدید برای اجرای این تغییرات استفاده شده باشد.

برای در نظر گرفتن فعالیت‌های محتمل آینده، فعالان ایرانی باید از خود بپرسند که آیا یک انقلاب سیاسی (که یک نخبه جدید را جایگزین می‌کند اما تقریباً نتایج دیگری ندارد)، واقعاً می‌تواند منجر به تغییر اجتماعی مهمی شود یا خیر. جنبش فعلی در ایران رویکردی از پایین به بالا است که در آن اکثریت جامعه به دنبال تغییر هستند، در حالی که با رژیمی قدرتمند که با خواسته‌هایشان مخالفت می‌کند، روبرو هستند. برای حرکت در مسیر آینده، رهبری با بینش مورد نیاز است که اقدامات، استراتژی‌ها، و برنامه‌هایی که هم مقاومت‌های فعلی و هم چشم‌انداز توسعه در جهت مثبت برای کشور باشد را در نظر داشته باشد. در صورت عدم هدایت صحیح، این شانس در اختیار رقبا قرار می‌گیرد که اعلام وجود کرده و کنترل اوضاع را به دست گیرند. با توسعه و بیان برنامه‌های عملی و بلندمدت موفق، حمایت عمومی (و موفقیت مبتنی بر آن) بهترین شانس بروز را خواهد داشت.

REFERENCES

- Mark Katz (1997) in his Revolutions and Revolutionary Waves (New York: St Martin.)
- Tilly. Charles (2004) Social Movements: 1768-2004 (Routledge.)
- Trotsky, Leon (1936) The Revolution Betrayed Translated by Max Eastman (Pathfinders Books).

مدیریت تعارض

خلاصه

اگرچه تعارض امری طبیعی است، با این همه گاهی می‌تواند باعث تخریب و تنش شود. پرداختن به امر تعارض، شامل «همکاری»، «رقابت»، «توافق»، «تسلیم» و «اجتناب» است. هرکدام از این فعالیت‌ها، ارزش‌هایی را ارائه می‌دهند، در حالی‌که محدودیت‌هایی نیز دارند. مردم معمولاً بر اساس پیش‌فرض‌های ذهنی که مبتنی بر فرهنگ، ارزش‌ها و الگوهای زندگی‌شان است، به وقایع پاسخ می‌دهند. با درک این تأثیرات، واکنش‌های مؤثرتر ممکن است ظاهر شود.

پیامدهای تعارض در ایران در ادامه مورد بحث قرار می‌گیرند.

موارد قابل توجه:

۱. تعارض طبیعی است. دو نوع تعارض وجود دارد: داخلی و خارجی. برخی تعارض‌ها جزئی و برخی دیگر اساسی هستند که در صورت نیاز باید به بررسی آن‌ها پرداخته شود.

۲. روش‌های مقابله با تعارض، شامل «همکاری»، «رقابت»، «توافق»، «تسلیم» و «اجتناب» است.

۳. این روش‌ها دارای هزینه‌ها و فواید متمایزی هستند.
۴. سازمان‌ها و افراد خاص تحت تأثیر «پیش‌فرض‌های ذهنی»، مانند «فرهنگ»، «ارزش‌ها» و «الگوها» قرار دارند. تأثیرات آنها، اگرچه قدرتمند هستند، ممکن است به طور شهودی و ناخودآگاه باشد.
۵. اگرچه الگوهای پایه‌ای واکنش معمولاً شکل یافته هستند، اما می‌توانند به‌آهستگی تکامل یابند.

مقدمه

بخش عظیمی از مردم ایران به دنبال آزادی بیشتر در زندگی شخصی خود هستند. این خواسته‌ها با سیاست‌ها و مقررات جمهوری اسلامی در تضاد است که در نتیجه، منجر به تعارض می شود. تعارض داخلی شامل اختلافات بین نیروهای رقیب داخل یک گروه اجتماعی (مانند یک کشور) است. در ایران معاصر، اسلام محافظه‌کار در تعارض با کسانی است که آزادی شخصی بیشتر، زندگی به شیوه‌ای سکولار و جنبه‌هایی از غربی‌سازی را می‌خواهند. علاوه بر تعارض داخلی، تلاش‌های رژیم برای تأثیر بر امور بین‌المللی منجر به تحریم‌های بین‌المللی، ممنوعیت‌ها و محدودیت‌هایی بر فعالیت‌های اقتصادی شده است. محدودیت‌های اقتصادی ناشی از چنین تعارضات خارجی؛ ناامنی و تعارضات داخلی بیشتری را به وجود آورده است. پیامدهای مربوط به این تنش‌ها و تعارضات در ادامه بحث خواهدآمد.

پذیرش و شناخت تعارض

تعارض تا حدی عادی، سالم و طبیعی است. در واقع تعارض زمانی که افراد مختلف با باورها، اولویت‌ها و/یا اهداف متفاوت با یکدیگر تعامل می کنند، پدید می‌آید. اگر تعارض به شکلی هماهنگ مورد بررسی قرار نگیرد، ممکن است تأثیرات زیان‌آور و مخربی داشته باشد؛ اما اگر به طور مثبت، با شکلی

سازنده و منصفانه مورد بررسی قرار گیرد، می‌توانند باعث درک روابط و تقویت همکاری و مشارکت شود.

سطوح مختلفی از تعارض وجود دارد. برخی تعارضات فقط شامل اختلافات اندک و اجتناب ناپذیر هستند که تهدید کمی برای همکاری و مشارکت افراد به‌حساب می‌آیند. تعارضات دیگر ریشه‌های عمیق‌تری دارند که می‌توانند روابط مثبت را از بین برده، یا جلوی بهبود آن‌ها را بگیرند. این سطوح مختلف از تعارض که طیفی از اختلافات بی‌اهمیت تا مشکلات مزمن را در بر می‌گیرند، زمینه‌ساز بحران‌های کامل می‌شوند.

تعارض میان مردم منجر به پدیدارشدن مشکلات و اختلافات انکارناپذیری می‌شود. اگر این اختلاف‌ها به شیوه‌ای عینی و منصفانه شناخته‌شده و برطرف شوند، تأثیرات منفی آن‌ها قابل مدیریت خواهد بود. در بیشتر کشورهای دموکراتیک با ثبات، چنین تعارضاتی رایج است؛ حتی زمانی که اختلافات واقعی وجود داشته باشد؛ اما در رژیم‌های استبدادی، از جمله در ایران معاصر، همکاری مردمی در شناخت و رفع مشکلات کمتر است.

از سوی دیگر، اگر تعارضات رایج در هر سطحی، مدیریت و حل نشوند، پتانسیل مخرب آن‌ها می‌تواند رشد کند و منجر به اختلافات مزمنی شود که گاه هزینه‌هایی دردناک دارد. اگرچه وقایع فردی ممکن است اهمیت چندانی نداشته باشند، در مجموع، می‌توانند موجب افزایش ناامیدی، عدم اعتماد و خشم شوند.

در ایران امروز، بسیاری از مردم از محدودیت‌هایی که با فرهنگ معاصر و آرزوهای اکثریت شهروندان در تضاد است بسیار آزرده‌خاطر هستند. این محدودیت‌ها شامل حکم‌هایی مانند حجاب اجباری برای زنان و ممنوعیت حضور در ورزشگاه‌ها است. این مقررات (که رژیم به خاطر دیدگاه خاص اسلامی خود حفظ می‌کند)، منعکس‌کنندهٔ خواسته‌ها یا دیدگاه‌های عمومی نیست. در نتیجه، تعارض مزمن به امری روزمره تبدیل می‌شود. ایران در حال حاضر از بحران‌های بی پایان که امیدی به حل آنها در افق آینده وجود ندارد، رنج می‌برد.

این موضوع موجب ایجاد یک وضعیت ناپایدار، سست، و مخاطره‌آمیز شده که امیدی به پایان آن نیست.

بنابراین، وجود درجاتی از تعارض، طبیعی و مثبت است. در بسیاری از مواقع، می‌توانند منجر به پیشرفت مثبت و سازنده شود. درحالی‌که در موارد دیگر، تعارضات می‌توانند از کنترل خارج شده و منجر به بحران‌های آسیب‌رسان و مخرب شوند. در حال حاضر، ایران با حالت دوم رو به رو شده و تاکتیک‌های سخت‌گیرانه رژیم نشان می‌دهد که مایل به پذیرش هیچ‌گونه تغییری نیست.

روش‌های مقابله

افراد و سازمان‌ها به روش‌های مختلفی به تعارض عکس‌العمل نشان‌می‌دهند. یک نمایش کلاسیک توسط کنت توماس (۱۹۷۶) در کتابش «تعارض و مدیریت تعارض» که پنج استراتژی اصلی از جمله «همکاری»، «رقابت»، «توافق»، «تسلیم» و «اجتناب» را بررسی می‌کند، ارائه شده است.

همکاری می‌تواند به صورت «من برنده، تو برنده» توصیف شود که رقبا با همکاری برای دستیابی به اهداف مشترک کار می‌کنند. اگرچه اختلافاتی وجود دارد، این تنش‌ها به شکل‌هایی کاهش می‌یابند و در راه‌هایی که تنش‌ها را کاهش می‌دهند، حل می‌شوند. متأسفانه، شرایط در ایران برای همکاری مناسب نیست، زیرا گروه‌های رقیب، دشمنانه رفتار کرده و به دنبال شکست‌دادن یکدیگر هستند.

رقابت به صورت «من برنده، تو بازنده» است. این نوع ارتباط با تمرکز اصلی بر منافع شخصی، از پتانسیل ضرر یا سود برخوردار است. در این حالت امکان موفقیت یا شکست وجود دارد.

این مدل منعکس‌کنندهٔ وضعیت ایران است که در آن استراتژی موفقیت شامل سرکوب و شکست‌دادن مخالفان می‌شود. چنین محیطی هرگونه همکاری مشترکِ منسجم را غیرقابل دستیابی می کند.

رژیم اسلامی اغلب از چنین تاکتیک‌هایی در داخل ایران و هنگام مواجهه

با رقبا استفاده کرده است. بنابراین، پیروان خمینی مانند منتظری، بنی‌صدر، رفسنجانی، و موسوی به دلیل برخوردهای حزبی با رهبری حاکم کنار گذاشته شدند. در بدترین شرایط، بنی‌صدر ایران را ترک کرد، زیرا زندگی‌اش در خطر بود. همچنین رفسنجانی که دست راست خمینی بود، به طریقی رازآلود فوت کرد. کسی چه می‌داند که تنش‌های داخلی آینده چه خواهند بود؟

علاوه بر احتمال تعارض داخلی در رژیم حاکم، تنش‌های عمیقی بین رهبر جمهوری اسلامی و عموم مردم وجود دارد که به حدی واضح است که نیازی به بیان آن نیست.

توافق یک نگرش «تو ببخش، من می بخشم» است. در این استراتژی هر کدام از طرفین از برخی از ارزش‌ها صرف نظر کرده و اجازه می‌دهد که طرف مقابل از آن بهره‌برداری کند و به‌طور همزمان طرف مقابل هم همین کار را انجام می‌دهد. با این استراتژی، منافع عمومی طرف‌های مقابل (یا حداقل نگرانی‌های همهٔ طرف‌های معامله) برآورده می‌شوند. در این شرایط، برخی مسائل ممکن است بدون اینکه حل شوند، رها گردند. اگرچه توافق می‌تواند تاکتیکی موثر باشد، مذاکره‌کنندگان باید دقت کنند، ارزش‌های زیادی را از دست ندهند.

به دلیل تنش‌های موجود در ایران، فضایی مناسب برای توافق متقابل وجود ندارد. متأسفانه به تعویق‌انداختن تصمیمات حساس، ممکن است یک «بمب زمان» ایجاد کند که در آینده منفجر خواهد شد.

تسلیم، حالت دیگری است که یک طرف به طرف دیگر اجازه می‌دهد که برنده شود. این فرآیند می‌تواند با عبارت «من بازنده‌ام، تو برنده‌ای» توصیف شود. در صورتی که یک خواسته خاص، برای یک گروه مهم نباشد و برای گروه مقابل مهم باشد، تسلیم این خواسته به طرف مقابل می‌تواند معامله استراتژیک خوبی باشد.

به‌عنوان مثال، اگر رژیم اسلامی، به زنان آزادی پوشش به شیوه‌ای سکولار بدهد، پیروزی با ارزشی را به مخالفان می‌دهد، درحالی‌که در مقابل آن هیچ چیز آشکاری نمی‌گیرد. با این حال، رژیم در صورت آرام شدن تنش‌ها، می‌تواند

قادر به حفظ قدرت خود باشد. اگر امیدی به پیروزی در یک نبرد نباشد، ترک آن قبل از آسیب های بیشتر، یک تاکتیک قابل قبول است. با این حال، هیچ دلیلی وجود ندارد که حکومت فعلی مایل باشد به این نحو پاسخ دهد، حتی اگر این‌کار یک استراتژی خوب باشد.

در اجتناب، «برنده و بازنده وجود ندارد.» با ترک مسائل مهم برای حل، پتانسیل استرس کوتاه‌مدت به طورموقت کاهش می‌یابد. این کار می‌تواند هماهنگی موقت یا همکاری موقت ایجاد کند، در حالی که دلایل تنش را برطرف نمی‌کند.

به عنوان مثال، در ایالات متحده، قوانین ملی کل کشور، مصرف ماریجوانا را غیرقانونی می داند. با این حال، در سال‌های اخیر، برخی از ایالت ها به طور عمدی مصرف ماریجوانا را قانونی کرده‌اند. با این حال، در اکثر موارد، دولت فدرال تصمیمی برای دخالت در امور داخلی این ایالت ها ندارد حتی اگر حق آن را داشته باشد. یک سیاست «زندگی کن و بگذار زندگی کنند» تکامل یافته است که منجر به نوعی آتش بس غیررسمی می‌شود که تنش‌ها را کاهش می‌دهد، اما به مسئله پاسخ نمی‌دهد. با این حال، تصمیمات سخت به تعویق می افتند.

اگر رژیم ایران قانون حجاب را حفظ کرده اما بصوت سهل‌گیرانه اجرا کند، دولت به همین شیوه عمل می‌کند. نتیجه می‌تواند آزادی شخصی بیشتری برای مردم ایران باشد، اگرچه رژیم به طور رسمی از شعارهای خود در مقابل زنان دست نکشیده است.

جدول ۱ این گستره وسیع از استراتژی های مقابله با تعارض را با یکدیگر مقایسه می‌کند.

جدول ۱: روش‌های پاسخ به تعارض

روش	تجزیه و تحلیل
همکاری	من برنده، تو برنده: اهداف مشترک مورد بررسی قرار می‌گیرند. رقبا با قبول تفاوت‌ها همکاری می‌کنند. راه‌حل‌های خلاقانه ممکن است ظاهر شود که هر دو طرف را راضی کند.
رقابت	من برنده، تو بازنده: تمرکز بر مصلحت شخصی است. همکاری حداقلی وجود دارد.
توافق	تو ببخش، من می‌بخشم: تمام طرف‌های درگیر چیزی را تسلیم می‌کنند. مصلحت عمومی آدرس داده می‌شود. برخی تفاوت‌ها ممکن است حل نشود. ممکن است سریع باشد، اما هیچ کس کاملاً راضی نیست.
تسلیم	من بازنده‌ام، تو برنده‌ای: مناسب است زمانی که (۱) زیان قابل قبول است، (۲) شما اشتباه کرده‌اید، (۳) شما نمی‌توانید ببرید، و/یا (۴) حفظ هماهنگی مهم‌تر است.
اجتناب	بدون برنده، بدون بازنده: مسئله حل نمی‌شود یا به آن پرداخته نمی‌شود. با این حال، عدم حل مسائل در حال حاضر، ممکن است در طولانی مدت موجب بدترشدن اوضاع شود.

بحث و گفتگو:
گستره وسیعی از گزینه‌ها برای مقابله با تعارض وجود دارد. بسیاری از مواقع، شرایط تعیین می‌کند که کدام رویکرد در یک موقعیت خاص بهتر است. پیش‌بینی پیامدهای ممکن، اهمیت دارد. اگر تأثیرات قابل پیش‌بینی باشند، تعیین روش مناسب آسان‌تر می‌شود. یک عامل مهم که نیاز به توجه دارد این است که کدام طرف پشتیبانی بهتری از افراد کلیدی دارد و قادر به سازماندهی و تحریک آن‌ها است.

به نظر می‌رسد که رژیم ایران و مخالفین آن در حال «رقابت» هستند که به‌دنبال برنده شدن با سرکوب یا شکست دادن مخالفت می‌باشند. چنین رفتارهایی توافق را محدود نموده و همکاری را متوقف می‌سازند. کسانی که می‌خواهند تعارض و تنش را کاهش دهند، باید چنین تاکتیک‌هایی را به میزان مناسبی ترمیم کنند. متأسفانه، شرایط فعلی در ایران به گونه‌ای ریشه‌دار است که ممکن است هر دو طرف ادامه جنگ برای پیروزی کامل را تا زمانی که یکی از طرف‌ها به طور کامل شکست بخورد، ادامه دهند.

«تنظیمات پیش‌فرض»

اشـــخاص و گـــروه‌های خاص به‌طـور قابل پیش‌بینـی، سیستماتیـک و «از پیش برنامه‌ریزی شـده» فکـر و عمـل می‌کننـد. بـه طور مشابه بـا کامپیوترهـا که معمـولاً با مجموعه متنوعی از «تنظیمـات پیش‌فرض» راه اندازی می‌شوند، «تنظیمـات پیش‌فـرض» افـراد شـامل: (۱) فرهنـگ، (۲) ارزش‌هـا، (۳) و الگوهـا اسـت. در ادامـه هرکـدام از ایـن مـوارد بررسـی می‌شـوند. مـوارد موثـر دیگـر (ماننـد نیازهـا) اگرچـه وجـود دارنـد، امـا در اینجـا مـورد بررسـی قـرار نمی‌گیرنـد.

۱. **فرهنگ:** در زمـان شـاهان قـرن بیسـتم، ایران تجربه‌ی مدرنیته، توسـعه اقتصـادی، سکولاریســم و غرب‌گرایـی را داشـت. اگرچـه آخریـن شـاه بـه دلیـل ســتم و سوءاستفاده از پلیس مخفی (ساواک) سرنگون شـد، بخش بزرگ و قدرتمندی از جامعـه، اصلاحـات او در حوزه‌هـای اجتماعـی و اقتصادی را پذیرفتند. اگرچه رژیـم اسـلامی از کمپین‌هـای مهندسـی اجتماعـی و روانـی بـرای تغییـر باورهـا و اولویت‌هـای مـردم اسـتفاده کـرده اسـت، میـراث سکولاریسـم و غرب‌گرایـی شـاهان، پس از انقلاب ۱۹۷۹ از بیـن نرفـت.

۲. **ارزش‌ها:** ارزش‌هـا، معیارهـا و اسـتانداردهای مربوط بـه آنچـه مهم، قابـل قبـول و محتـرم اسـت و به‌طـور معکـوس، آنچـه غیرقابل‌قبـول، محکـوم و مـردود می‌شـود را فراهـم می‌کننـد. عـلاوه بـر ایـن، ارزش‌هـا معمـولاً توسـط ملاحظاتـی کـه می‌تواننـد فراتـر از فرهنـگ عمومی باشـند، تحت‌تأثیر قرار می‌گیرنـد. ایـن متغیرهـا می‌تواننـد شـامل مسـائلی ماننـد سـن و جنسـیت باشـند. اگرچـه ارزش‌هـا معمـولاً نشـانگر میـراث فرهنگـی عمومـی یـک فـرد هسـتند، می‌تواننـد نشـان‌دهنده‌ایـن باشـندکـه چگونـه‌یـک فرهنـگ در طـول زمـان تکامـل می‌یابـد. مثـلاً، نسـل بومرهـای آمریـکا (آن‌هایـی کـه پـس از جنـگ جهانـی دوم متولـد شـدند) بخـش متمایـزی از جمعیـت بودنـد کـه فرهنـگ جوانـان دهـه ۱۹۶۰ را ایجـاد کردنـد. بـه عنـوان یـک بخـش از جمعیـت، بومرهـا مجموعـه‌ای متمایـز از ارزش‌هـا را توسـعه دادنـد، کـه هنـوز هـم بخـش قدرتمنـدی از جامعـه آمریـکا هسـتند.

قبل از انقلاب ۱۹۷۹، ایران تجربه بومری خود را داشت و امروزه نیز درصد زیادی از جمعیت جوان هستند. مانند بومرهای آمریکایی، جوانان ایران ارزش‌های منحصر به فرد خود را در مورد آزادی شخصی و سکولاریسم توسعه داده‌اند. موازی با معانی مخالف دهه ۱۹۶۰ امریکا، این بومرهای ایرانی اغلب در تضاد با نسل‌های مسن‌تر و سیاست‌های دولتی هستند. دیدگاه‌های آن‌ها به طور شدیدی از اولویت‌های جمهوری اسلامی متمایز است. این بخش قدرتمند جمعیتی، تمایل دارد که تأثیر عمیقی بر ایران بگذارد؛ و می‌توان انتظار داشت که در آینده قدرت آن‌ها افزایش یابد؛ زیرا وقتی که نسل محافظه‌کارتر و پیرتر از بین بروند، نوبت آنها فرا خواهد رسید.

۳. **الگوها:** الگوها سیستم‌های گسترده اعتقادی هستند که نحوهٔ فکر مردم را هدایت می‌کنند. حتی اگر «نادرست» باشند، می‌توانند تأثیر قدرتمندی داشته باشند. مصیبت وارده بر گالیله و تلاش‌های او برای متقاعدکردن مردم به این موضوع که زمین به دور خورشید می‌گردد، مثال خوبی از الگوی جامعه آن زمان است. در زمان گالیله، الگوی قدیمی که تصور می‌کرد خورشید به‌دور زمین حرکت می‌کند به‌گونه‌ای قوی بود که امکان به‌چالش‌کشیدن آن در کوتاه‌مدت وجود نداشت. در واقع، گالیله مجبور به توبه شد تا از سوختن در میان شعله های آتش در امان بماند. در نهایت، الگوی قدیمی منهدم شد و امروزه تقریباً همه می دانند که زمین به دور خورشید می چرخد.

انقلاب اسلامی تنها یک رویداد سیاسی نبود. از مناظر گوناگونی چه درست و چه غلط، دارای اندیشه و عمل بود که با اولویت‌ها و باورهای بسیاری از ایرانیان معاصر در تضاد است. اگرچه بیشتر ایرانیان مسلمان هستند، ولی بسیاری از آن‌ها تمایل دارند که دولت و چارچوب حقوقی‌ای را که بیشتر سکولار است، داشته باشند.

تنظیمات پیش‌فرض می‌توانند بسیار تأثیرگذار باشند، حتی اگر در طول زمان، جایگزین‌ها و تغییرات ظاهر شوند. در ایران امروز، «تنظیمات پیش‌فرض»

بیشتر شهروندان ایرانی در تعارض با رژیم اسلامی کنونی است. در نتیجه، وضعیت ناپایداری به‌وجود آمده است.

وضعیت در حال تکامل

ایران با بحرانی عمیق مواجه است که بسیار زیاد با اختلافات ناچیز یا اختلافات مدیریت‌پذیر فاصله دارد. اگرچه اکثر ایرانیان، تغییرات مهمی را می‌خواهند (معمولاً حکومت جدید)، رژیم فعلی به حفظ وضع موجود متعهد است. اگر تنش‌های فعلی برگردانده نشوند یا کاهش نیابند، بحران به طور نامحدودی ادامه پیدا خواهد کرد، به تدریج بدتر می‌شود و تنها زمانی پایان می‌یابد که یک طرف به طور کامل شکست خورده باشد. این درست است، حتی اگر دولت در کوتاه‌مدت قیام فعلی را سرکوب کند.

در ساختار جمعیت شناختی، نسل‌های جوان‌تر و پیشرفته‌تر ایرانیان در مسیر کسب قدرت، احترام و به رسمیت شناخته شدن هستند. اما در حال حاضر، کمپین‌های آن‌ها به خوبی سازمان‌یافته نیستند. اگرچه مخالفان داخل ایران ممکن است در حال حاضر قدرت استراتژیکی نداشته باشند، میلیون‌ها ایرانی در سراسر جهان به صورت پراکنده وجود دارند که از آنها پشتیبانی می کنند. در واقع، پس از انقلاب ۱۹۷۹، بسیاری از ایرانیان با تحصیلات بالا و تأثیرگذار مجبور به ترک وطن شدند، اما هرگز عشق خود به آن را از دست ندادند. چنین افرادی آماده‌اند تا به عنوان متحد در جستجوی یک تغییر مهم در ایران ظاهر شوند.

در همین حال، حمایت از رژیم اسلامی در حال کاهش است. تعادل قدرت به شکل گسترده‌تری به هم خورده است که باعث توسعهٔ چرخه‌ای ویژه می‌شود؛ هر چه مردم بیشتر شورش کنند، رژیم از نیروی بیشتری برای سرکوب اعتراضات استفاده می کند. این کار، شعله‌ی اعتراضات افرادی که خواستار تغییر هستند را بیشتر می کند و چرخه ناامنی را گسترش می‌دهد.

یکی دیگر از «کارت‌های برنده»، چگونگی پاسخ سایر کشورها به بحران ایران

است. به عنوان مثال، اگر دشمنان ایران از وضعیت آشوب فعلی استفاده نمایند تا ایران را ضعیف کنند (مانند نابود یا غیرفعال کردن برنامه‌های تسلیحاتی آن)، مداخله خارجی می‌تواند نیروهای رقیب را در ایران متحد کند. شبیه این پس از انقلاب ۱۹۷۹، زمانی که عراق در یک تلاش ناموفق برای به‌دست‌آوردن بخشی از خاک ایران، به ایران حمله کرد، رخ داد. وقتی این حمله اتفاق افتاد، ایرانیانِ رقیب، در برابر یک دشمن مشترک متحد شدند.

مقایسهٔ نقاط قوت و ضعف نسبی این رقبا در جدول ۲ ارائه شده است.

جدول ۲: ارزیابی رقبا		
موضوع	**نقاط قوت**	**نقاط ضعف**
رژیم	سازمان‌دهی بسیار قوی و دارای دارایی‌های مفیدی برای ترساندن و کنترل. کنترل دادگاه‌ها، نیروی نظامی، زیرساخت‌ها. بسیار بی رحمانه عمل کرده و تا آخرین نفس می جنگد.	حمایت ضعیف داخلی و بین‌المللی. تحریم‌ها علیه ایران. کاهش اعتبار. روند جمعیت جوان.
مخالفان	حمایت عمومی قوی. زمینه اخلاقی قوی. حمایت بین‌المللی. ساختار جمعیت جوان.	عدم سازمان‌دهی، دارایی‌ها و قدرت.
بحث: در کوتاه مدت، رژیم دست بالا دارد، زیرا دارای مهارت‌های سازمانی، دارایی‌های قوی و کنترل است. اما حمایت کاهش می‌یابد و روند جمعیتی در برابر وضعیت موجود عمل می‌کند. مخالفان ضعیف‌اند اما در حال جلب حمایت هستند. به نظر می‌رسد در بلندمدت، تغییرات مهمی ظاهر خواهد شد.		

با وجود اینکه گرایش‌های اسلامی بیش از حد محافظه‌کارانه، برخی از ایرانیان را ناراضی کرده است، فرضیه فروپاشی آرام رژیم، ساده‌انگارانه است. حتی اگر دولت در شرایط متزلزلی باشد، نیروهای محافظه‌کار قوی مانند سپاه (سپاه پاسداران انقلاب اسلامی - سپاه) آماده وارد شدن به صحنه هستند. همچنین، اگر به نظر برسد که رژیم کنترل را از دست خواهد داد، یک کودتای محافظه‌کارانه ممکن است به عنوان آخرین گام برای جلوگیری از سکولاریزه‌شدن

انجـام شـود. گرچه ایـن اقدام احتمالاً مورد تأییـد اکثریت ایرانیـان نیسـت، امـا ممکن است ایـن گذار به‌طور موقت موجب کاهـش تنش‌هـا شـود. در چنین شرایطی، رهبـری جدید پس از یک کودتـای محافظه‌کار می‌توانـد به‌طور استراتژیک محدودیت‌های ناپسند ماننـد حجاب زنانـه را لغـو کنـد، برخی از زندانیـان سیاسـی را آزاد کند، کنتـرل بر آزادی بیان را تسهیل کند و انتخابات آزاد را وعده دهد. اما این‌ها ممکن است فقط به‌عنوان امتیازهای نمادین باشند. اگر چنین باشد، کنترل‌های دیکتاتوری ممکن است ادامه یابد، اما این "گرگی در لبـاس میـش" اسـت. مشـابه این واکنـش در سـال ۲۰۱۱ در مصر رخ داد. آیا آشوب فعلی در ایران پیشرانه‌ی مثبتی برای بازسازی سازنده‌ی کشور است؟ یا اینکه شبیه پریدن از صخره در یک آشوب و تنش وحشتناک است؟ کسانی که در دو طرف این دعوا قرار دارند، باید این سوال را در نظر داشته باشند.

مدیریت تضاد

خلاصه

در هنگام مذاکره برای تغییر، مهارت‌های تعامل بین اشخاص، مفید و ضروری است. استفاده از تکنیک «من احساس می‌کنم»، ارتباط و گفت‌وگویی موثر را فراهم می‌کند. همچنین با بحث در مورد مشکلات به عنوان علائمی که می‌توانند به شکل‌های مثبت و قابل قبول از طرفین بیان شود، می‌توانند به کاهش اختلافات ناخواسته کمک کند. با این روش، شانس بیشتری برای حل مشکلات از طریق همکاری و تفکّر خلاقانه وجود دارد.

موارد قابل توجه:

۱. هنگام استدلال با مردم، از «تکنیک‌های فشاری» که باعث تفرقه می‌شود، خودداری کنید.

۲. برای کاهش تنش‌ها و تضاد، از روش ارتباطی «من احساس می‌کنم»، استفاده کنید.

۳. بیان مشکلات» توجه را به نقص‌ها یا تنش‌ها جلب می‌کند که اغلب علائمی از علت‌های بنیادین هستند.

۴. بر روی نیازهای همه ذینفعان متمرکز شوید.
۵. با هم برای حل مشکلات کار کنید.

مقدمه

آوردن استدلال و گفتگو با مردم و ارائه نظرات، نیازمند مهارت قابل توجهی است. این بحث مشورت‌هایی را دربارهٔ اینکه چگونه می‌توان نقطه‌نظر خود را به دیگران، به ویژه حریفان یا مخالفان، به صورت موثر ارائه داد، نشان می‌دهد. به جای رفتارهایی که منجر به انزوا می‌شوند، نقطه‌نظر خود را با قاطعیت اما به نحوی که دیگران احساس ناراحتی، رد شدن یا تهدید نکنند، ارائه دهید. به دیگران دلیلی برای رد کردن آنچه که شما می‌گویید، ندهید. این می‌تواند با توضیح اینکه چگونه احساس می‌کنید، به‌گونه‌ای که اجتناب از یافتن عیب یا مقصر دانستن باشد، انجام شود.
مدیریت تضاد شامل فعالیت‌ها و تکنیک‌هایی است که به دنبال تعامل مثبت در شرایط عدم توافق به منظور کاهش واکنش‌های منفی است. هدف اصلی باید ساختن، فهمیدن و تمایل به همکاری در جهت منافع عموم باشد.
هنگام مواجهه با مشکلات و و عدم توافقات، به یاد داشته باشید که اختلافات اغلب علائمی از مشکلات بنیادی‌تری هستند که باید حل شوند. تمرکز بر این نشانه‌های فوری و آشکار می‌تواند به شناسایی فشارهای زمینه ای که باید حل شوند، کمک کند. هدف، ایجاد درک متقابل است؛ این کار می‌تواند به عنوان گام اول در تصحیح اختلافات ظاهر شود.

اجتناب از تکنیک‌های آتش‌افروز

مجموعه‌ای گسترده از رسوم اجتماعی را می‌توان به عنوان روش‌های «مؤدبانه» یا «هماهنگِ» برخورد با دیگران معرفی کرد. متأسفانه، وقتی افراد برای دفاع از دلایلی که برایشان مهم است بحث می‌کنند، آراستگی به راحتی از بین می‌رود. با شناسایی و حذف تکنیک‌های ناموثر ارتباطی، احتمال مشارکت در گفت‌وگوی معنی‌دار افزایش می‌یابد.

درخواست‌های یک‌جانبه و قدرتمند باعث فاصله‌گرفتن بیشتر رقبای مذاکراتی از شما می‌شود، سرزنش‌کردن و کوچک‌کردن دیگران می‌تواند مانع ارتباطات موثر شود. بیان خشم به صورت روشن می‌تواند پیشرفت را متوقف کند، اولتیماتوم‌دادن به دیگران باعث از بین رفتن احترام متقابل و از دست رفتن پیشرفت و کسب نتیجه مورد نظر می‌گردد.

بدون شک، برخی از این تکنیک‌های تهاجمی می‌تواند نقشی منطقی در بحث و مذاکره داشته باشد. با این حال، استفاده نادرست و بیش از حد، عواقب وخیمی دارد. هنگام انتخاب تکنیک‌های استدلال، محتاط باشید. با احترام برخورد کردن با دیگران (حتی اگر احترامی به باورهای آنها نداشته باشید) به طور عمومی بهترین استراتژی است.

روش «من احساس می‌کنم»

روش «من احساس می‌کنم» یک تکنیک بیان است که روان‌درمانگران و مشاوران ازدواج آن را به کسانی که با تضاد مواجه هستند، پیشنهاد می‌دهند. این تکنیک شامل تنها بیان این است که چگونه شما چیزی را احساس می‌کنید. به این ترتیب، از مقصر دانستن یا حدس‌زدن علت مشکل خودداری می‌کند. تمرکز تنها بر روی نتیجه (آنچه افراد احساس می‌کنند)، به شکلی که می‌تواند بدون مشاجره مورد بررسی قرار گیرد، انجام می‌شود.

به‌عنوان مثال، فرض کنید که یک همسر ناراحت است، زیرا احساس می‌کند همسرش به اندازه کافی در کارهای خانه مشارکت نمی‌کند. اگر او را به تنبل‌بودن یا بی‌انصاف بودن متهم کند، آتش مشاجره می‌تواند شعله‌ورتر شود، او به دفاع می‌پردازد و احساس نیاز به توجیه خود را دارد.

شوهر، فعالیت‌های سخت روزانه خود به منظور تامین معاش خانواده را منطق اقدامات خود قرار داده، چنین بهانه‌هایی ممکن است باعث افزایش از کنترل خارج شدن وضعیت شود.

اگر زن به سادگی بیان کند که احساس آشفتگی و تنهایی می‌کند، مسئله به روشی کمتر مجادله ای برطرف می‌شود، زیرا بیان اینکه او چه چیزی احساس می‌کند، بحث برانگیز نیست، حتی اگر مرد نیز چنین احساسی داشته باشد و چون تنها احساسات او ذکر شده‌اند، کوتاهی‌های مرد موضوع گفت‌وگو نیست، که این نیاز به دفاع از خود را در او کاهش می‌دهد. این‌گونه تاکتیک‌ها می‌توانند فرصتی برای پیشرفت معنی‌دار فراهم کنند.

علاوه‌براین، با استفاده از روش «من احساس می‌کنم» هیچ سرزنش یا اشتباهی ادعا نمی‌شود. اظهاراتی چون «من احساس می‌کنم» می‌توانند ابزار بسیار ارزشمندی در ایجاد ارتباط معنی‌دار و کاهش وضعیت‌های تنش‌زا باشند. موقعیتی که زنان در ایران حقوق و آزادی بیشتر می‌طلبند را در نظر بگیرید. اگر مکالمه به دوئل عیب‌یابی تبدیل شود، تنش‌ها به ناچار تشدید خواهندشد. در عوض، با استفاده از تکنیک «من احساس می‌کنم»، دشمنی‌ها کاهش می‌یابد، زیرا هیچ کس مورد حمله قرار نمی‌گیرد. اگر منتقد رژیم بیان کند که منع زنان از تماشای بازی‌های فوتبال ظالمانه و شیطانی است، آنهایی که از این سیاست دفاع می‌کنند، در موقعیتی قرار می‌گیرند که باید به‌صورت خشونت‌آمیز به آن پاسخ دهند. از طرف دیگر، اگر زنان بیان کنند که ممنوعیت آنها باعث می‌شود که آنها احساس کنند که شهروند ردهٔ دوم هستند، یک مشاهده غیرقابل مشاجره انجام شده است. این چیزی است که زنان احساس می‌کنند و هیچ‌کس نمی‌تواند آن را انکار کند.

اگرچه مواجههٔ شدید و تهاجمی در بعضی مواقع ضروری است و نیز لازم است که مسئولیت افراد به آنها به صورت مستقیم گوشزد شود، در بسیاری از شرایط بیان "من احساس می‌کنم" بسیار موثر بوده و عواقب منفی کمتری نسبت به حمله مستقیم و سرزنش کردن دیگران خواهد داشت.

معرفی مشکلات

روان‌درمانگران و روان‌شناسان با افرادی سر و کار دارند که با جنبه‌های آزاردهندهٔ زندگی‌شان مواجه هستند که باید برطرف شود. کسانی که به دنبال کمک هستند، معمولاً با شکوه یا نقص خاصی که نیاز به برطرف شدن دارد، برای مشاوره مراجعه می کنند. این اقدام اولیه به عنوان «معرفی مشکل» شناخته می‌شود. شاید یک فرد به دلیل مصرف بیش از حد مشروبات الکلی یا موادمخدر برای درمان مراجعه کند. در این مورد، اعتیاد به عنوان مشکل معرفی می شود. اما چه عاملی ریشه پنهان این مسئله معرفی شده است؟ ممکن است به سادگی اعتیاد باشد و اگر چنین است، تمرکز بر روی مشکل معرفی شده ممکن است درمان مناسبی فراهم کند؛ اما در بسیاری از مواقع، نیروهای دیگری نقش‌آفرین هستند. شاید بیمار از افسردگی تشخیص داده‌نشده‌ای رنج می‌برد و با مصرف الکل برای کاهش علائم آن اقدام به خوددرمانی می‌کند. یا شاید بیماران، احساس می کنند که زندگی‌شان بی‌امید یا ناکام است و با روی آوردن به مصرف مشروب یا مواد مخدر می‌خواهند غم خود را تسکین دهند. این‌گونه مسائل، اغلب علت واقعی اعتیاد هستند. در این حالت، مسئله معرفی شده نشانه‌ای از چیز دیگر است: که آن علت واقعی مسئله است. با بیان مسئله و برطرف‌کردن منابع پنهان آن، مسئله معرفی‌شده می‌تواند بهتر درک، مدیریت و حل شود.

در ایران، اعتراضات (مخصوصاً مربوط به زنان ولی نه محدود به آنها) به مشکلی پایه‌ای درباره تنش‌ها در جامعه و شکست در همبستگی اجتماعی تبدیل شده‌اند. این موقعیت پرسشی را برمی‌انگیزد که «آیا ایران درگیر مشکل اعتراض زنان است یا اعتراضات نشانه‌ای از مشکلات بنیادین و اصلی‌تر (که تا حدودی با مشکلات زنان بروز پیدا کرده) است که باید مورد توجه قرار گیرد؟

با تشخیص این مشکلات معرفی شده که از مسائل زیربنایی دیگری متاثر می‌شوند، ارزیابی‌ها و استراتژی‌های موثرتر و معنی‌دارتری را می‌توان توسعه داد.

تا چه حد تنش‌های فعلی ایران ناشی از یک گسست بین خواسته‌های اکثریت ایرانیان و سیاست‌های جمهوری اسلامی است؟ قبل از انقلاب ۱۹۷۹، جامعه ایران (حداقل در مناطق شهری) به طور روزافزونی غیرمذهبی، مدرن و غرب‌گرا بود. با وجود اراده جمهوری اسلامی، این ویژگی‌ها با گذر زمان کاهش نیافته‌اند. در چهل سال گذشته، رژیم اسلامی برای تغییر مردم به شیوه‌ای که اولویت‌های آن رژیم را منعکس کند، دست و پنجه نرم کرده و شکست خورده‌است. با این همه، این هدف به دست نیامده و مخالفت در حال رشد است.

تمرکز

هنگام مواجهه با اختلافات، نگه‌داشتن خطوط ارتباطی، امری حیاتی است. سعی کنید با دیگران (مخصوصاً مخالفان) به شکل‌های موثر و بدون جدل ارتباط برقرار کنید. شاید افراد بالای سلسله مراتب (مانند مقامات بالای دولتی) چنین ارتباط‌هایی را رد کنند، اما دیگران (مانند افراد محافظه کار برخاسته از مردم) احتمالاً با صداقت پاسخ می‌دهند، حتی اگر با شما مخالفت کنند. به خاطر داشته باشید، همه ایرانیان از تنش‌های داخلی و انزوای بین‌المللی که به خاطر سیاست‌های رژیم کنونی‌است، رنج می‌برند و هم ترقی‌گرایان و هم محافظه‌کاران از فساد در دولت ناراضی و نگران هستند. هدف مشترک همه گروه‌های متنوع، کاهش این تنش‌ها است.

هرجا که ممکن است، با افراد با دیدگاه‌های مخالف به عنوان ایرانیانی که به یک ایران صلح‌آمیز و موفق متعهد هستند، صحبت کنید. چه چیزی می‌تواند تمام ذی‌نفعان را راضی کند؟

رقابت یا همکاری

رقابت و همکاری راه‌های مختلفی برای برخورد با بحران و تنش هستند. تاکنون، تمرکز بر رقابت و اختلاف بوده‌است. در برخی موارد، این ممکن است بهترین راه برای به‌نمایش گذاشتن تفاوت‌ها باشد. با توجه به شرایط داخلی

ایران، پاسخ‌های این چنینی ممکن است غیرقابل اجتناب باشند. با این حال، همکاری با دیگران، اگر به شیوه‌ای مثبت و سازنده پیگیری شود، مفید خواهد بود.

یک نقطه شروع خوب برای هر دو طرف، استفاده از روش «من احساس می‌کنم»، برای بیان دیدگاه‌ها و انگیزه‌های خود است. علاوه بر این، مشکلات معرفی شده باید به عنوان علائمی از مشکلات بنیادی‌تر به جای یک پدیده که باید مرکز توجه باشد، مورد بررسی قرار گیرد. از طریق این کار، تمرکز بر اهداف مشترک راحت‌تر می‌شود.

چنین دیدگاه‌هایی فراتر از فقط نادیده گرفتن تفاوت‌ها است. این روش، تجسّم بهتری از اینکه چگونه همه گروه‌ها بهره‌مند شوند را تسهیل می‌کند. در ایران امروز، بخش قابل‌توجهی از جمعیت، تقاضای زندگی شهری، غیرمذهبی و غربی‌تر را دارد. این چیزی است که مردم احساس می‌کنند. تمام تنش‌ها و اعتراضات درون کشور نشانه‌ای از دلایل زیربنایی است. این واقعیت باید تشخیص داده شده و حل شود.

مذاکره مؤثر

خلاصه

کسانی که به دنبال تغییر هستند، نیاز به استراتژی‌هایی دارند که قادر به مقابله و تأثیرگذاری بر کسانی که از وضعیت موجود حمایت می‌کنند، باشند. در چنین شرایطی، توسعه مهارت‌های مذاکره قدرتمند ضروری است. برای انجام این کار به شکل مؤثر، درک تنوع حامیان وضعیت موجود و چگونگی عملکرد فرآیند تصمیم‌گیری، اساسی است.

مواردی که باید مدنظر قرار گیرند:

۱. مواجهه و همکاری، دو تاکتیک متمایز برای تغییر هستند.
۲. تصمیم‌گیرندگان مختلف وضعیتِ موجود، دیدگاه‌های متمایزی دارند.
۳. فرآیند برنامه‌ریزی دارای یک سری مراحل متمایز است.
۴. مراحل مختلف برنامه‌ریزی، گزینه‌های استراتژیک و تاکتیکی مختلفی را در اختیار عوامل تغییر قرار می‌دهد.
۵. عوامل مؤثر تغییرات به شرایط پاسخ می‌دهند.

زیرمجموعه‌هایی که با توزیع سر و کار داشتند، شروع به کار کردند، اما در نهایت بر این تأکید دارند که تجارت برای ارائه خدمت به مشتریان است و بازاریابان نزدیک‌ترین افراد به آن‌ها هستند. با ادامه این منطق، بازاریابان اغلب ادعا می‌کنند که آن‌ها (نه مدیریت) باید هدایت استراتژیک سازمان را به عهده گیرند. امورمالی، بخش متمایز دیگری است که منابع مالی سازمان را برآورده می‌نماید، بدهی‌های سازمان را پرداخت می‌کند و منابع پروژه‌ها را تأمین می‌کند. اگرچه ابتدا به‌عنوان یک زیر رشته در نظرگرفته شده بود، پیچیدگی روش‌های مالی و اهمیت آن، به این رشته استقلال و نفوذ داده است. حسابداری ابتدا با عنوان «حسابداری دفتری» آغاز شد، اما در سال‌های اخیر، شاخه‌ای استراتژیک‌تر به نام «حسابداری مدیریتی» شکل گرفته است. بسته به سازمان، سایر رشته‌ها ممکن است نقش‌های مهم و نیمه‌مستقلی داشته باشند. علاوه بر نفرات اثرگذار معمولی، سایر ذینفعان ممکن است به روش‌های آشکار یا پنهان جایگاهی در میز تصمیم گیری کسب کنند.

این رشته‌ها (و سایر ذینفعان تأثیرگذار)، به طور معمول بخشی از فرآیند برنامه‌ریزی و تصمیم‌گیری هستند. آنها در جدول ۲ در کنار هم قرار گرفته و با هم مقایسه‌شده‌اند.

جدول ۲: رشته‌های سازمانی

	توضیحات	اختیارات	نقاط قوت	نقاط ضعف
مدیریت	رشته استراتژیک سنتی	از نظر تاریخی، یک رشته استراتژیک غالب. امروزه این نقش با بازاریابی به اشتراک گذاشته می‌شود.	رشته استراتژیک سنتی. درگیر استراتژی های داخلی و خارجی است.	یک رشته اصلی که قدرت خود را در برابر رشته های دیگر از دست می‌دهد.
بازاریابی	رشته استراتژیک متمرکز بر مشتریان	استراتژی‌ها و تاکتیک‌های متمرکز بر خدمات به مشتریان به‌طور موثر	خدمت به مشتریان و سهامداران، دلیل وجودی سازمان‌ها است.	نیازهای سایر سهامداران و اهمیت آن‌ها ممکن است نادیده گرفته شود.

ادامه‌ی جدول ۲: رشته‌های سازمانی

	توضیحات	اختیارات	نقاط قوت	نقاط ضعف
مالی	مشتاق به جمع‌آوری پول، پرداخت بدهی‌ها، تأمین منابع و غیره	تصمیم‌گیری در مورد جلب سرمایه و روش‌های برآورده شدن اعتبارات.	توانایی برقراری وسایل تأمین منابع که با سازمان و اهداف آن هماهنگ باشند.	با فعالیت‌های واقعی کسب‌وکار تعامل ندارد و فقط به تأمین مالی آن می‌پردازد.
حسابداری	نگهداری سوابق مالی. استفاده از داده‌های حسابداری برای برنامه‌ریزی استراتژیک	نگهداری سوابق. ایجاد اطلاعات مالی برای تصمیم‌گیری	اطلاعات حسابداری اغلب می‌تواند برای کاوش داده‌های استراتژیک استفاده شود.	فقط با داده‌های مالی سر و کار دارد، سایر متغیرها نادیده گرفته می‌شوند.
سایر	هر گروهی که مشمول شود.	هر آنچه که ظاهر شود.	هر نقشی که مشخص شود.	معمولاً اختیار و نقش‌های محدودی دارد.

بحث

سازمان‌های بزرگ، از جمله رژیم‌ها، از اجزای مختلف (یا حتی رقیب) تشکیل شده‌اند. با آگاهی از این تفاوت‌ها، استراتژی‌های موثرتر برای ایجاد تغییر را می‌توان توسعه داد. گاهی اوقات گروه‌های دیگر در فرآیند تصمیم‌گیری به طور آشکار یا پنهان دخیل می‌شوند. سعی در عضویت در یکی از این کارگروه‌ها کنید.

نکته اساسی که باید به آن اشاره شود آن است که تنوع قابل‌توجهی در سازمان‌ها وجود دارد. ادارات مختلف و اعضای آنها منطبق با رهبری رسمی نبوده و لزوماً در همه‌ی امور با مافوق خود هم نظر نیستند. چنین تنوعی می‌تواند در حکومتی مانند رژیم ایران نیز وجود داشته باشد.

رهبران رسمی سازمان‌ها یا دولت‌ها ممکن است تصور کنند که مسئول هستند، و در واقع تا حدی هم مسئولیت برعهده‌ی آنهاست. از سوی دیگر ناگزیر، طیف وسیعی از اختیارات تصمیم‌گیری را به زیرمجموعه‌ها تفویض می‌کنند. همانطورکه دیدیم زیرمجموعه‌ها تمایل دارند جهت‌گیری‌های متمایز خود را داشته باشند، حتی اگر در نهایت توسط مافوق خود کنترل شوند، اغلب دارای درجه‌ای از صلاحیت هستند، به‌خصوص زمانی‌که هیچ‌کس توجهی نمی‌کند. این موضوع می‌تواند حتی در کشورهای به شدت متمرکز و دیکتاتوری نیز

صادق باشد. به عنوان مثال، در چین، مردم‌شناسان این کشور اغلب از سیاست‌های دولتی انتقاد می‌کنند و از تخصص علمی اجتماعی خود برای ابراز مخالفت استفاده می‌نمایند. اگرچه این منتقدان به جای محکوم‌کردن سیاست‌های تثبیت‌شده دولتی، شکایات خود را به‌عنوان پیشنهادهای مثبت بیان می‌کنند، اما یک اپوزیسیون آشکار را تشکیل می‌دهند. انتظار می‌رود که وضعیت مشابهی در سایر رژیم‌های دیکتاتوری، مانند رژیمی که درحال‌حاضر در ایران قدرت دارد، وجود داشته باشد. اگرچه بخش‌های مختلف دولت از انتقاد آشکار از وضعیت موجود جلوگیری می‌کنند، اما بخش‌های زیادی در دولت به عنوان عوامل بالقوه‌ی تغییر وجود دارند.

موضوع حقوق زنان در ایران را در نظر بگیرید. به عنوان مثال، رهبری کشور احتمالاً می‌خواهد وضعیت موجود را نگهداری کرده و طیفی از محدودیت‌ها را برای زنان حفظ کند. نزدیک‌شدن به این مدافعان سرسخت محافظه‌کاری مذهبی احتمالاً بی‌اثر و حتی معکوس خواهد بود. بدتر از آن، چنین نفوذی ممکن است باعث شود رهبری مرکزی احساس خطر کند و آن‌ها را وادار کند که پاسخ دهند. با این حال، سایر اعضای دولت و کارمندان دولتی ممکن است نسبت به تغییر، مدارای بیشتری داشته باشند.

سازمان‌های دولتی را در نظر بگیرید که مسئولیت توسعه تجارت و اقتصاد در ایران را بر عهده دارند. آن‌ها بدون شک می‌دانند که اکثریت فارغ‌التحصیلان دانشگاهی در ایران زن هستند و بدون شک، آن‌ها می‌دانند که قوانین و مقررات می‌توانند بسیاری از زنان را از رسیدن به پتانسیل کامل خود باز دارند. این بروکرات‌ها احتمالاً از این که وضعیت اقتصادی نامناسب و رو به افول است، ابراز تأسف می‌کنند، زیرا از زنان بسیار آموزش دیده و ماهر استفاده نمی‌شود. کارمندان دولتی که مسئولیت پیشرفت و توسعه اقتصادی را بر عهده دارند، ممکن است تمایل داشته باشند که محدودیت‌های زنان را کاهش دهند، زیرا انجام این کار به طور بالقوه به آن‌ها برای تقویت اقتصاد کمک می‌کند.

بنابراین، یک استراتژی خوب برای کسانی که به دنبال تغییر هستند، شامل

تعیین این است که کدام سازمان‌های دولتی به احتمال زیاد از سیاست‌های جدید حمایت می‌کنند و چرا ممکن است این اهداف را داشته باشند. با انجام این کار، می‌توان با این گروه‌های خاص به روش‌هایی برخورد کرد که به طور ویژه دیدگاه‌های آنها را برآورده کند. در مقابل، سازمان‌ها و رهبرانی که مستعد تغییر نیستند، می‌توانند نادیده گرفته شوند یا کنار گذاشته شوند، زیرا تعامل با آنها بی‌ثمر و حتی معکوس خواهد بود. چنین کمپین‌هایی حتی در زمان وجود سایر روش‌های ایجاد تغییر (از جمله رویارویی آشکار) نیز می‌توانند وجود داشته باشند.

استفاده از فرآیند برنامه‌ریزی

علاوه بر این، سازمان‌های طرفدار وضعیت موجود نیز دارای فرآیند برنامه‌ریزی خود هستند. با درک این فعالیت، کسانی که سعی در تأثیرگذاری بر سازمان‌ها دارند، قادر به پاسخ بهتری خواهند بود. برنامه‌ها و استراتژی‌ها معمولاً شامل مجموعه‌ای از مراحل متمایز هستند که فرصت‌هایی برای تأثیرگذاری ارائه می‌دهند. آنچه که در یک سطح برنامه‌ریزی قابل قبول است، ممکن است در سطح دیگر نامناسب باشد. افرادی که سعی در تشویق به تغییر دارند، باید از یک دسته‌ی گسترده از فعالیت‌های برنامه‌ریزی و نحوه پاسخگویی مؤثر به آن‌ها آگاه باشند. از آنجا که طبقه‌بندی استانداردی برای فعالیت‌های برنامه‌ریزی وجود دارد، این کار نسبتاً آسان است.
همان‌طور که معمولاً تصور و بحث می‌شود، سه مرحله متمایز از برنامه‌ریزی وجود دارد: برنامه‌ریزی استراتژیک، برنامه‌ریزی بلندمدت و برنامه‌ریزی عملیاتی. انواع مختلفی از نویسندگان برچسب‌های خود را بر روی این فعالیت‌ها قرار می‌دهند؛ بنابراین، هنری سیسک (۱۹۶۹ ۸۸) به آن‌ها به عنوان «سیاست‌ها»، «رویه‌ها» و «روش‌ها» اشاره می‌کند. حتی زمانی که اصطلاحات متفاوت هستند، هم محققان و هم اجراکنندگان معمولاً برنامه‌ریزی را به دسته‌هایی مانند اینها تقسیم می‌کنند.

برنامه‌ریزی استراتژیک، مسئول سیاست‌های اصلی است. برنامه‌ریزی استراتژیک ارزیابی‌ها را در قالب زمانی بلندتر انجام می‌دهد و مسائل بنیادی‌تر را بررسی می‌کند. هدف برنامه‌ریزی استراتژیک، توسعه چارچوبی برای تصمیم‌گیری است. به دلیل اهمیت آن، برنامه‌ریزی استراتژیک معمولاً با بالاترین درجه افراد در سازمان مرتبط است. در طول فرآیند برنامه‌ریزی استراتژیک، سازمان‌ها اغلب چیزی را که «بیانیه ماموریت» نامیده می‌شود، ایجاد یا بازبینی می‌کنند. نتایج برنامه‌های بلندمدت به عنوان رهنمود عمل می‌کنند و به همین دلیل، پیامدهای مهمی در طول مدت‌زمان طولانی دارند. برنامه‌ها و اولویت‌های اساسی یک رژیم می‌تواند به عنوان بیانیه ماموریت آن دیده شود.

برنامه‌ریزی بلندمدت، سطح میانی است. در طول این فرآیند، جهت‌گیری‌های برنامه‌ریزی استراتژیک به عنوان پایهٔ تصمیمات مهم عمل می‌کنند. برنامه‌های بلندمدت عموماً نتایج شاخصی را شامل می‌شوند و یا پیوند عملی بین برنامه‌ریزی استراتژیک و عملیات روزانه سازمان را ایجاد می‌کنند. این نوع برنامه‌ها، معمولاً توسط مدیران میانی طراحی می‌شود.

برنامه‌ریزی عملیاتی دستورالعمل‌هایی را برای فعالیت‌های روزانه سازمان ارائه می‌دهد. برنامه‌ریزی عملیاتی ماهیت موردی و عملی دارد (اگرچه حداقل به‌طور رسمی باید اهداف استراتژیک و بلندمدت را منعکس کند). در بسیاری از موارد، زیردستان سطوح پایین این طرح‌ها را در پاسخ به شرایط فوری ایجاد می‌کنند. این تصمیم‌گیرندگان اغلب آزادی قابل توجهی دارند، زیرا اقدامات آنها به دور از نگرانی‌ها و چشمان مراقب رهبری است. علاوه بر این، برنامه‌های عملیاتی ماهیت کوتاه‌مدتی دارند و حتی پس از اجرایی‌شدن نیز می‌توانند به سرعت تنظیم شوند.

با درک مؤلفه‌های مختلف فرآیند برنامه‌ریزی، کسانی که سعی در ایجاد تغییر دارند، بهتر می‌توانند بر تصمیم‌گیری‌ها تأثیر بگذارند. پیامدهای استراتژیک این تفاوت‌ها در جدول ۳ نشان داده شده است.

جدول ۳: فرآیند برنامه‌ریزی

موضوع	برنامه‌ریزی استراتژیک	برنامه‌ریزی بلندمدت	برنامه‌ریزی عملیاتی
چارچوب زمانی	بلندمدت	میانه	کوتاه‌مدت
نقش	تعیین بیانیه اهداف، دستورالعمل‌های عمومی. تدوین راهبردهایی برای دستیابی به اهداف سازمان	تعیین روش‌های عملیاتی روزمره به عنوان تنظیمات تطبیقی	تصمیم‌گیران سطح پایین و بقیه در جستجوی اهداف تطبیقی
برنامه‌ریزی توسط:	رهبری، تصمیم‌گیرندگان کلیدی و دیگران در صورت نیاز	تصمیم‌گیرندگان سطح متوسط و دیگران که از برنامه‌های استراتژیک به عنوان راهنما استفاده می‌کنند.	تصمیم‌گیرندگان سطح پایین پاسخ‌های موردی را ارائه می‌دهند.

برنامه‌ریزی استراتژیک مربوط به رهبران رده بالای سازمان است که سیاست‌ها، اهداف و راهبردهای گسترده و کلان را تعیین یا تأیید می‌کنند. در کشوری مانند ایران، این شامل رهبران مذهبی (مانند ملاها و افراد نزدیک به آنها) است. کسانی که به تغییرات مهم متعهد هستند، احتمالاً دشواری زیادی در ارتباط با این رهبران دارند و در صورت موفقیت در ارتباط با آنها، تأثیرگذاری ناممکن است.

از سوی دیگر، برنامه‌ریزی عملیاتی معمولاً مربوط به تصمیم‌گیران سطح پایینی است که به مسائل تطبیقی پاسخ می‌دهند. این کارمندان دولتی ممکن است در باورهای خود «سخت‌گیر» نباشند و بیشتر از اهداف محدود و کوتاه‌مدتی که مسئول آنها هستند، برانگیخته می‌شوند. بنابراین، این رهبران عملیاتی ممکن است پذیرش بیشتری برای آزمون اندیشه‌های جدید داشته باشند.

برنامه‌ریزی بلندمدت، که معمولاً توسط تصمیم‌گیران میانی صورت می‌گیرد، فاز میانی برنامه‌ریزی است که بین تصمیم‌گیری‌های استراتژیک و عملیاتی

قرار دارد. این مراحل مختلف فرآیند تصمیم‌گیری، گزینه‌های متعددی را برای راه انداختن و تشویق تغییر فراهم می‌کنند.

این پیوستگی برنامه‌ریزی الگوهایی را ارائه می‌دهد که نوعی از مداخلات موثر در شرایط یا موقعیت‌های خاص را مشخص می‌کند. با آگاهی از این گزینه‌ها، توسعه استراتژی‌های موثر بیشتر، به‌راحتی قابل دستیابی است.

تأثیرگذاری در برنامه‌ریزی استراتژیک: همانطور که گفته شد، برنامه‌ریزی استراتژیک توسط اعضای مهم تیم رهبری انجام می‌شود. در محیط دولتی این می‌تواند شامل اقدامات قانون‌گذاری و دلایل آنها، و همچنین دستور کار ادارات مهم و چگونگی عملکرد آنها باشد. کسانی که به دنبال تغییر هستند، می‌توانند به‌شدت به تغییرات مورد نظر خود کمک کنند، اگر در این اقدامات در زمانی که تصمیم‌گیران سطح بالا درگیر هستند، مشارکت داشته باشند. فعالانی که در اعتراضات خود بیش از حد سر و صدا می‌کنند یا به دور از اصول قابل‌قبول حرکت می‌کنند، ممکن است، نتوانند تأثیر مثبتی برجای بگذارند. این امر حتی زمانی‌که رویارویی قهرآمیز در شرایط دیگر مؤثر باشد نیز صادق است.

مشارکت در برنامه‌ریزی استراتژیک می‌تواند مفید باشد، زیرا قدرتمندترین رهبران سازمان درگیر هستند. در نتیجه، زمانی که تصمیمات استراتژیک تکمیل می‌شوند، ممکن است فرصت هایی را برای جلب توجه افراد قدرتمند و با نفوذ فراهم کند.

علاوه بر این، در طول برنامه ریزی استراتژیک، سازمان هایی مانند دولت ها تمایل بیشتری به در نظر گرفتن ایده های جدید (حداقل تا حدی) دارند. در بسیاری از مواقع، استراتژی‌هایی که به مشکلاتی که در گذشته به وجود آمده پاسخ می‌دهند، به طور فعال بازاندیشی می‌شوند. در نتیجه، معرفی ایده‌های جدید یا بررسی مجدد مسائل قدیمی که به اندازه کافی حل‌نشده‌اند، ممکن است امکان پذیر باشد.

تأثیرگذاری بر برنامه‌ریزی بلندمدت: کسانی که به دنبال تغییر هستند می‌توانند با درگیرشدن در برنامه‌ریزی استراتژیک در زمانی که فرصتی برای انجام این

کار فراهم شود، به اهداف خود کمک کنند. با این حال، این فرآیند اغلب اتفاق نمی‌افتد. در اغلب موارد، سازمان قبلاً برنامه‌های استراتژیک و اصول عملیاتی اساسی خود را تعریف کرده است. در نتیجه، فرصت‌ها برای تغییرات قابل توجه به حوزه برنامه‌ریزی بلند مدت و عملیاتی محدود می‌شود. اگرچه برنامه‌های بلندمدت با در نظر گرفتن یک برنامه استراتژیک ساخته می‌شوند، اما معمولاً در هنگام تصمیم‌گیری از آزادی بیشتری برخوردارند. علاوه‌براین، برنامه‌های استراتژیک اغلب بسیار کلی یا مبهم هستند. در نتیجه، آنها را می‌توان به روش‌های مختلف تفسیر کرد. برای مثال، با به تصویر کشیدن پیشنهادهای مربوط به برنامه‌های بلندمدت به روش‌های گسترده، ممکن است راهی برای توجیه تغییرات قابل توجه مطابق با برنامه استراتژیک کلی سازمان فراهم شود. هنگام انجام این کار، کسانی که به دنبال تغییر هستند باید دلایل قانع‌کننده‌ای را توسعه دهند و بیان کنند که مواضع آنها را به شدت توجیه نمایند. برنامه‌های بلندمدت با استناد به برنامه استراتژیک نوشته می‌شوند. با در نظرگرفتن این واقعیت، عوامل تغییر بهتر می‌توانند اهداف خود را به گونه‌ای ارائه دهند که به نظر برسد که از برنامه استراتژیک پشتیبانی می‌کنند و در نتیجه بر تصمیم‌گیرندگان تأثیر مثبت بگذارند.

تأثیرگذاری بر برنامه‌ریزی عملیاتی: برنامه‌های عملیاتی شامل عملکرد کوتاه‌مدت و روزانه سازمان است. اگرچه این برنامه‌ها باید منعکس‌کننده‌ی برنامه‌های استراتژیک و بلندمدت باشند، اما این برنامه‌ها بیشترین فاصله را از رهبری عالی دارند و معمولاً واکنش‌های موقتی به شرایط هستند. در نتیجه، اعمال نفوذ در این حوزه می‌تواند آسان‌تر از شروع سایر اشکال تغییر باشد. با این حال، برنامه‌ریزی عملیاتی، کمترین تأثیر کلی را دارد و اثرات آن اغلب موقتی است.

با این وجود، دستاوردهای به دست آمده (حتی اگر موقتی باشند) می‌تواند جای پا و زیرساختی برای تغییرات آینده ایجاد کند. بنابراین، یک برنامه عملیاتی کوتاه‌مدت که آزادی بیشتری را برای زنان فراهم می‌کند، ممکن است عامل مؤثری برای تغییر باشد، اگر به آنها طعم جایگزین‌های مورد جستجو را بچشاند.

استفاده موثر از برنامه‌ریزی: هدف این بحث، ارائه دیدگاهی از فرآیند برنامه‌ریزی و اجزای آن به طرفداران تغییر است. اگرچه این ایده‌ها عموماً شناخته‌شده هستند، ارتباط آنها با سیاست‌های دولتی (و همچنین کمپین‌هایی برای به چالش کشیدن آنها) می‌تواند مفید باشد.

این را می‌توان با مقایسه استراتژیک فرآیندهای برنامه‌ریزی‌های مختلف با اشاره به فرصت‌ها، خطرات و تاکتیک‌ها انجام داد. این موارد در جدول ۴ ارائه شده است.

جدول ۴: تأثیرگذاری بر فرآیند برنامه‌ریزی

موضوع	برنامه‌ریزی استراتژیک	برنامه‌ریزی بلندمدت	برنامه‌ریزی عملیاتی
فرصت‌ها	تمرکز سازمان بر تغییرات مورد نیاز	دفاع از تغییر به عنوان یک تاکتیک موردی	شامل جنبه‌های تغییر در برنامه‌های کوتاه‌مدت حتی اگر با مأموریت سازمان در تضاد باشد.
خطرات	رد تغییر به‌عنوان یک راهبرد	انتخاب اهداف موردی به جای تغییر.	تأثیر محدود. زمان‌بندی کوتاه‌مدت
تاکتیک‌ها	تنظیم برنامه استراتژیک با حفظ اهداف	شخصی‌سازی تغییر به نحوی که به سازمان کمک کند.	آگاهی از طبیعت برنامه کوتاه‌مدت وچشاندن طعم انچه که در تغییر از آن دفاع می شود.

کسانی که به دنبال تغییرات مهم هستند، به طور فزاینده‌ای وضع موجود را به چالش می‌کشند. یکی از راه‌های افزایش کارآمدی این عمل، استفاده از تکنیک‌های فرآیند برنامه‌ریزی است که در زمینه کسب‌وکار و علوم سیاست تکامل یافته است. با این کار، فرهنگ‌های میزبان و مدافعان آنان می‌توانند هنگام برخورد با مجموعه‌ای گسترده از همکاران، شرکا و رقبا به‌طور فزاینده‌ای موثر واقع شوند.

انقلابی‌گری یا اصلاح طلبی (فابین‌ها)

کسانی که تغییرات را آغاز می‌کنند اغلب از بین دو گزینه انتخاب می‌کنند. یکی از زور استفاده می‌کند، در حالی‌که دیگری بر صبر و استدلال متکی است. این گزینه‌ها را می‌توان با اشاره به دو جنبش سوسیالیستی که به قرن نوزدهم بازمی‌گردند، نشان داد. از این مثال‌ها به دلیل ویژگی‌های اعتقادی آنها (ایدئولوژی سوسیالیستی) استفاده نمی‌شود، بلکه به این دلیل که استراتژی‌ها

و تاکتیک‌های متضادی را برای ایجاد تغییر، متبلور ساخته و در کنار هم قرار می‌دهند مورد بررسی قرار می‌گیرند.

در قرن نوزدهم، بسیاری از سوسیالیست‌ها، تحولات و دگرگونی‌های خشونت‌آمیز مانند شورش‌ها و انقلاب‌ها را اجتناب‌ناپذیر و تنها راه برای آغاز تغییر می‌دانستند. به عنوان مثال، کارل مارکس و فردریک انگلس (۱۸۴۸) می‌گفتند: «کارگران جهان متحد شوید، شما چیزی برای از دست دادن ندارید جز زنجیر خود». با تکرار مارکس، بسیاری از سوسیالیست‌ها بر زور تمرکز کرده‌اند، نه همکاری و نه مشارکت. خشونت و تغییرات بنیادی اغلب به عنوان کلیدهای موفقیت درنظرگرفته می‌شوند.

اما گزینه‌های دیگری هم وجود دارند. برای مثال، انجمن سوسیالیست اصلاح‌طلب (فابین) انگلستان، استراتژی‌هایی را توسعه داد که از درگیری آشکار اجتناب می‌کرد. به عنوان یک جایگزین، آنها به دنبال ایجاد تغییراتی آرام در طول زمان بودند. این نام به افتخار ژنرال روم باستان کوئینتوس فابیوس ماکسیموس وروکوسوس که در طول جنگ‌های کارتاژی با ارتش برتر هانیبال مخالفت کرد، گرفته شد. فابین متوجه شد که در نبردهای رو در رو، شکست خواهد خورد و از آنها اجتناب کرد. استراتژی او این بود که از درگیری مستقیم اجتناب کند زیرا او به آرامی، اما مطمئناً در طول زمان به برتری دست یافت. فابیان‌ها با اعمال جنبش‌های سیاسی، از درگیری‌های آشکاری که نمی‌توانستند پیروز شوند، اجتناب کردند و بر تغییرات تدریجی بلندمدت که بر خود بنا می‌شود تمرکز نمودند. بنابراین، جنبش فابیان به جای تحولات دراماتیک و خشونت‌آمیز، گذارهای تدریجی را متصور شد. در نتیجه طرفداری از چنین تاکتیک‌هایی، سنبل فابیان‌ها لاک‌پشتی آهسته اما در حال حرکت است که به جایی می‌رسد که می‌خواهد، اما به آرامی این کار را انجام می‌دهد.

به همین ترتیب، کسانی که به دنبال تغییر در ایران هستند، باید هزینه‌ها و مزایای تغییرات سریع و شدید انقلابی را در مقابل روند کندتر اصلاحات و تغییرات تدریجی بسنجند. هنگام انتخاب یک رویکرد، اهداف تغییر و

چالش‌های ارائه شده توسط حامیان وضعیت موجود باید در نظر گرفته شوند. بنابراین، حداقل دو مسیر برای تغییر امکان‌پذیر است. یکی سریع و آسیب‌زا است اگرچه خطرناک است، در حالی که دیگری کندتر است، اما می‌تواند درد و استرس کمتری ایجاد کند. هیچ اقدام خاصی توصیه یا رد نمی شود. اما می‌توان به طیف وسیعی از فرصت‌های موجود اشاره کرد. شاید این رویکرد ترکیبی که در آن هر دو استراتژی به طور همزمان فعال هستند، موثرترین وسیله برای جستجوی تغییر باشد. در نهایت، با آشکارشدن آینده، انتخاب ها توسط بازیگران اجتماعی و سیاسی انجام خواهند شد.

کلام پایانی

کسانی که به دنبال تغییر هستند، اگر بتوانند فرآیندهای برنامه‌ریزی ساختار موجود را تحت تأثیر قرار دهند، می‌توانند از نتایج آن بهره‌مند شوند. با درک تفاوت‌های داخلی که در سازمان‌های پیچیده مانند دولت‌ها یا رژیم‌ها وجود دارد، تاکتیک‌های مؤثرتر می‌توانند توسعه یافته و اجرا شوند.

به علاوه از درک کسانی که مورد مقابله ویا چالش قرار گرفته‌اند، پیش بینی استراتژیک فرآیند برنامه‌ریزی (و فعالیت‌های مشابه) ضروری است. برنامه‌های استراتژیک زیربنایی هستند و مهم‌ترین افراد سازمان را درگیر خود می‌کنند. برنامه‌های بلندمدت برای دستیابی به اهداف و اولویت‌های برنامه‌های استراتژیک فرموله می‌شوند. برنامه‌های عملیاتی تاکتیک‌های اختصاصی را برای دستیابی به اهداف کوتاه‌مدت موردی تشکیل می‌دهند که به نظر می‌رسد با برنامه‌های استراتژیک و بلندمدت هماهنگ شده باشند.

سرانجام، حداقل دو استراتژی اصلی برای اجرای تغییرات مهمی که حامیان وضعیت موجود در مقابل آن مقاومت می‌کنند، وجود دارد. یکی استفاده از قدرت برای اعمال تغییر است. این کار می‌تواند سریع و موثر باشد، اما احتمالاً دردناک است. گزینهٔ دیگر، تغییر آرام اما تدریجی است. هر دو انتخاب عواقب مثبت و منفی منحصر به خود را دارند.

ایران پس از روی‌کارآمدن جمهوری اسلامی در دوراهی تاریخ قرار دارد. حضور در قدرت نشان داده است که ایدئولوژی و بینش آنها برای عصر علم و فناوری قابل اجرا نیست. اکثریت مردم ارزش‌ها و کاربرد آن را رد کرده‌اند. نوزایش در حال تکامل نشانه‌ای از رد ایده‌ها و ارزش‌های آنهاست. در این تقاطع نقش رهبری و سازمان‌ها و نهادهای مدنی اساسی و ضروری است. البته هر یک از اعضای جامعه باید در مسئولیت‌های مدنی خود فعالانه شرکت کنند. نور در انتهای این تونل منحنی تاریک درخشان، روشن و نزدیک است. همه ما باید این سوال را بپرسیم که چگونه می‌توانم نقش خود را در عبور از این تونل با موفقیت ایفا کنم؟